Für Kurt und Lydia

RHEWA

kosmos

Gabriele Bickel

Mein Kräuterhexenwissen

Elixiere, Tees, Salben und Pasten

KOSMOS

Inhalt

Der Vorfrühling

Vorfrühling oder Winter? Ich wohne in einem Weinbaugebiet, das heißt milde Winter, wenig Schnee, und der Übergang der Jahreszeiten ist nicht immer klar zu erkennen. Bereits im Januar und im Februar – laut Kalender eindeutige Wintermonate – überkommt mich manchmal das Gefühl, ich müßte jetzt bereits bei einem Rundgang durch meinen Garten die ersten Frühlingsboten entdecken. Sonnenschein – und sei es noch so kalt – wird in dieser noch dunklen Jahreszeit bereits als warm empfunden.

Die Kleine Pimpinelle (Sanguisorba minor), *ein bescheidenes Kräutlein, das den Appetit anregt.*

Aus dem Hexentagebuch

Es ist Ruhe eingekehrt im Kräuterhexenhaus. Weihnachten ist vorüber und damit auch der Glanz und die Hektik, Umstände, die diese Festtage mit sich bringen. Aber was wäre Weihnachten ohne sie?

Für eine kurze Zeit hat auch eine Kräuterhexe Ruhe, um sich Gedanken über sich selbst zu machen und Vorbereitungen für das vor ihr liegende Jahr zu treffen. „Kräuterhexe" – immer wieder werde ich darauf angesprochen. Wieso Kräuterhexe? Ja und immer wieder gebe ich dieselbe Antwort: „Als Kräuterhexe wird man geboren, und, wenn man es nicht gleich merkt, wird man von seinen Mitmenschen dazu gemacht." So ist es auch mir ergangen. Schon als Kind habe ich eine besondere Vorliebe für die mich umgebende Natur entwickelt. Später, als ich dann nach mehreren beruflichen „Umwegen" meine ersten Kräuterwanderungen durchgeführt habe, bin ich für meine Besucher einfach die Kräuterhexe gewesen und bin es seitdem geblieben. Neugierig darauf, was es mit dieser Namensgebung schon früher auf sich hatte, habe ich mich daraufhin mit diesem Thema sehr intensiv beschäftigt. Ich bin heute stolz darauf, daß ich die Tradition der „alten" Kräuterhexen wieder aufleben lassen darf. Kräuterhexen waren von jeher immer die eigentlich „guten" Hexen, denn sie haben ihre Kenntnisse zum Wohl der Menschheit eingesetzt. Es

ginge uns heute wohl allen besser, hätten die Frauen ihr Wissen nicht bei den Hexenverbrennungen auf dem Scheiterhaufen mit ins Grab genommen.

Doch zurück zur heutigen Kräuterhexe und deren Vorbereitung für das vor ihr liegende Jahr. Planungen für meine Kräutergärten, Fachliteratur lesen, neue Termine für Kräuterexkursionen, -seminare und -kochkurse müssen festgelegt werden. Neue Ideen für Produkte und Dekorationen für die Kräuterhexengalerie werden entwickelt, Briefe und Anfragen beantwortet und nicht zuletzt die ersten Spaziergänge im neuen Jahr unternommen und dabei nach ersten grünen Spitzen Ausschau gehalten.

Wie wird das Jahr? Eine spannende Frage, deren Beantwortung bestimmt vielen Menschen eine Menge Geld wert ist. Ich lasse mich überraschen. In den vergangenen Jahren meines Kräuterhexenlebens sind so viele unvorhersehbare Dinge geschehen – im positiven wie auch im negativen Sinne –, daß diese Frage für mich offen bleibt und ich alles auf mich zukommen lasse. Ich habe darüber hinaus die Erfahrung gemacht, daß die positiven Dinge überwiegen; man muß sie nur erkennen. So ruft diese Frage auch keine Ängste in mir hervor. Ein Vorbild für Optimismus finde ich bei meinen Vorfrühlingsspaziergängen: alles sieht grau aus, aber bei näherem Hinschauen erkennt man bereits neues Leben in der Natur. Immer wieder neu – ist das nicht wunderbar? Pimpinelle und Weinlauch können selbst im Winter frisch geerntet werden.

„Recept zum Elixier des langen Lebens“ – in meinem Hexenbuch habe ich allerlei Weisheiten gesammelt.

Arbeiten im Hexengarten

Die Arbeiten im Hexengarten sind noch von der kalten Jahreszeit geprägt. Der Winterschutz am Rosmarin und anderen mediterranen Gewächsen wird kontrolliert und bei Bedarf erneuert, denn die Winterstürme sind doch heftig genug, um Zweige und Holzwolle hinwegzuwehen.

Die jedoch wichtigste Arbeit findet nicht im Kräutergarten, sondern in der „Guten Stube" statt: die Planung der Neupflanzungen im Frühjahr und das Notieren, was in den Beeten geändert werden sollte. Welche Kräuter finde ich in der Natur, um sie in den Garten zu holen, und welche muß ich beschaffen? Eine wichtige Frage, denn die Kräutersaison der Gärtnereien beginnt bereits im Februar mit erster Topfware. „Topfwaren" sind akklimatisierte Kräuterpflanzen in Töpfen mit gut ausgebildeten Wurzeln, die bereits im zeitigen Frühjahr, wenn der Boden offen ist, ausgepflanzt werden können.

Ich halte außerdem Ausschau nach meinen Tulpen und Krokussen, wie weit sie bereits aus der Erde schauen und decke sie bei Bedarf, d. h. bei sogenannten „Kahlfrösten", etwas ab.

Endlich, die ersten frischen Kräuter für meine Küche nach den langen Wintermonaten

Gänseblümchen, Löwenzahn und Ehrenpreis gehören zu den ersten Wildkräutern im Jahr (unten).

Linke Seite:
Zwei weitere frühe Kräuter sind Gundelrebe (Glecoma hederacea) *oben und Wiesensauerampfer* (Rumex acetosa) *unten.*

Auch in meinem Gemüsebeet geht es schon los, allerdings brauchen die Gemüse nachts noch Kälteschutz mit Folien (links).

Kahlfröste sind Frostperioden ohne Schnee. Sie bringen die meisten Ausfälle; die Pflanzen erfrieren nicht nur, sondern sie vertrocknen auch gleichzeitig. Bei einer ausreichend geschlossenen Schneedecke kann so etwas nicht passieren. Man sagt nicht umsonst, Schnee im Winter sei das Bettuch der Natur. Selbst eine dicke Schneedecke, wie sie in freien Lagen oder auf den Bergen vorkommt, erdrückt nicht, sondern schützt. Anders verhält es sich in sogenannten Schneeräumzonen. Solche Schneeräumzonen sind Straßenränder, Gehwege und unter Umständen auch Vorgärten. Gerade in Orten mit enger Bebauung türmen sich oftmals die durch Räumung entstandenen Schneeberge in den Vorgärten und Pflanzenrabatten. Unter diesen durch das Aufschütten verdichteten Schneemassen können Pflanzen regelrecht ersticken, wenn über längere Zeit kein Tauwetter eintritt.

Aufbewahrung von geschnittenen frischen Kräutern

Frisch geschnittene Kräuterbündel, wie Petersilie, Schnittlauch, Weinlauch, Dill, Gartenrauke, Sauerampfer, lassen sich zwei bis drei Tage im Kühlschrank aufbewahren. Gekaufte Kräuterbündel sollte man zunächst am unteren Ende ein Stück abschneiden und in Wasser stellen. Haben sich die Pflanzen erholt, werden sie wie frisch geerntete geschnitten. Die Kräuter macht man naß und legt sie in eine Plastikdose oder einen Plastikbeutel (beide lebensmittelverträglich). Auf diese Weise kühl und feucht gehalten, behalten sie ca. drei Tage lang ihre Frische.

Aus Hexenküche und -labor: Gesundheitstees und Gewürze

In keiner Jahreszeit wird so viel gehustet und geschnupft wie gerade in den Monaten Januar, Februar und März. Aber es gibt in dieser Jahreszeit noch ein weiteres gesundheitliches Problem: die Winterdepression. Bedingt durch eine zu geringe Sonneneinstrahlung wird bei besonders sensiblen Menschen diese Form der Depression hervorgerufen. Lange als Hirngespinst abgetan, ist man heute der Ansicht, daß es sich hierbei um ein Krankheitsbild handelt.

Heilkräftige Husten- und Erkältungstees

Für mich als Kräuterhexe bedeutet diese Jahreszeit: Tee mischen bis zum „Abwinken". Also begebe ich mich an mein großes Kräuterhexen-Teeregal und beginne zu mischen.

Für 100 g Hustentee werden 20 g Salbeiblätter, 20 g Spitzwegerichblätter, 20 g Thymianblätter, 10 g Schlüsselblumenblüten und 10 g Klatschmohnblüten miteinander vermischt. 10 g Anisfrüchte und 10 g Fenchelfrüchte stoße ich im Mörser an, um den darin befindlichen ätherischen Ölen einen Weg nach außen und in diesem Fall in unseren Hals- und Rachenbereich zu ermöglichen. Beide Drogen ergänzen abschließend die Kräutermischung. Gerade die ätherischen Öle sind die eigentlichen Wirkstoffe für unsere Gesundheit und gegen den Husten. Sie wirken auswurffördernd, desinfizierend und heilend.

Klatschmohn gebe ich gegen einen zu starken Hustenreiz zu. Hierzu noch ein paar Ausführungen: der Hustenreiz sollte möglichst nicht unterdrückt werden, da er eine sogenannte Reinigungsfunktion für unsere Bronchien darstellt. Mit jedem Auswurf – und sei es noch so unangenehm – werden Tausende von Bakterien aus unseren Bronchien herausbefördert. Diese können dann keinen weiteren Schaden mehr anrichten, und die Infektion verliert an Intensität. Der Selbstheilungsmechanismus des Körpers wird beim Trinken des Hustentees durch die Zugabe von Honig weiter unterstützt. Durch Honig entfaltet ein Hustentee seine Wirkung mehrfach. Nur bei allzu quälendem Hustenreiz sollte dieser vor dem Schlafengehen etwas beruhigt werden, da die Nachtruhe auch zur Gesundung wichtig ist.

Bei einem Erkältungstee ergänze ich die sogenannten „Hustenkräuter" mit je 20 g Holunder- und Lindenblüten. Beides sind schweißtreibende Mittel, welche sich in der Kombination in ihrer Wirkung noch ergänzen. Von einem solchen Tee ist jedoch abzuraten, wenn es sich bei einem Patienten um die „echte Grippe" handelt. Durch die Schwitzkur wird der ohnehin angeschlagene Kreislauf noch zusätzlich belastet.

ANTI-DEPRESSIONS-TEE

Zu dieser Mischung gehören: *20 g Zitronenmelissenblätter, 20 g Baldrianwurzeln, 20 g Passionsblumenkraut, 10 g Weißdornblüten, 10 g Fenchelfrüchte (gestoßen), 10 g Rosmarin und als wichtigstes Ingrediens 30 g Johanniskraut, auch Stolzer Heinrich genannt.*

Pro Tasse überbrüht man einen Teelöffel Kräuter, läßt alles fünf Minuten zugedeckt ziehen, seiht ab und trinkt den Tee lauwarm.

Tee gegen Depressionen

Einen Tee gegen Depressionen (Rezept oben) mische ich aus beruhigenden, ausgleichenden und aufhellenden Drogen (getrocknete Teile von Pflanzen).

Gegen viele Beschwerden ist ein Kraut gewachsen. Von links nach rechts: Huflattichblätter, Hibiskusblüten, Blüten der Römischen Kamille, Ringelblumenblüten und Malvenblüten.

Muskatnüsse

Sternanis

Zimtstangen

Gewürznelken

Wertvolle Gewürze

Was wäre die Zeit von Advent bis zu den ersten Ostervorbereitungen ohne die Düfte des Orients? Anis, Zimt, Muskat, Sternanis, Ingwer, Pfeffer, Kardamom, Nelken, Piment und nicht zuletzt Vanille und der Duft frisch geschälter Orangen erfüllt unsere Stuben mit einem unnachahmlichen Aroma, das an die weite Welt und die Geheimnisse aus dem Land des Halbmondes erinnert. Gerade in der dunklen Jahreszeit ohne Blumenduft und Frischgewürze sehnen wir uns nach Düften aller Art. Auch für die Aromatherapie kommt in diesen Monaten die sogenannte Hochsaison. Die Tradition der Salzburger Gebinde (= Gewürzsträuße) kommt diesem Wunsch nach Duft ebenfalls entgegen.

<u>Kleine Geschichtslehre</u>

Gewürze aus Übersee – und das sind die meisten der hier aufgeführten – waren in früheren Zeiten ein Maßstab für Reichtum und wurden nicht selten mit Gold aufgewogen. Karawanen aus dem Morgenland und Schiffe aus Übersee brachten ihre wertvolle Fracht aus allen Teilen der Welt zu den Handelsplätzen für Gewürze und Spezereien. Die Herkunftsländer vieler Gewürze wurden von den Besitzern des Handelsmonopols verschwiegen oder verschleiert, um Konkurrenten keine Chance zu geben, ebenfalls einen Gewürzhandel aufzubauen.

Wer heute gedankenlos seine Pfeffermühle dreht, wird sich wohl kaum mehr vorstellen können, daß erbitterte Kriege „im Namen der Gewürze" geführt wurden; ja die ganze Welt wurde nach Gewürzen eingeteilt. Portugal bekam den Osten, Spanien den Westen für Gewürz-Expeditionen zugestanden. Nur auf diese Art war die Entdeckung Amerikas möglich. Darüber hinaus gab es genaue Vorschriften, die regelten, wo in der Welt welche Gewürze angebaut werden durften, ebenfalls natürlich, um die Monopole zu erhalten. Es gab zum Beispiel im Jahre 1633 ein Kulturverbot für Gewürznelken außerhalb der holländischen Kolonien. Der Anbau von Nelkenbäumen war nur auf den Bandainseln und Amboina erlaubt. Menschen und Gewürznelkenbäume auf Nachbarinseln wurden einfach ausgerottet! Wieviele weiß niemand. Daran muß ich immer denken, wenn ich eine Zwiebel mit Gewürznelken spicke, um sie dann einfach in meinem Suppentopf verschwinden zu lassen.

Aber noch einmal zurück zur Pfeffermühle! Pfeffer, eines der wichtigsten Welthandelsgewürze, ist eigentlich eine Kletterpflanze mit traubenförmigen Fruchtständen mit eben den Pfefferkörnern, die durch Trocknung schwarz werden. Der weiße Pfeffer ist nichts anderes als der eigentliche Pfefferkern, dem man seine Schale durch Erweichen und Abreiben genommen hat.

Wenn Sie einen Zeitgenossen dorthin wünschen, „wo der Pfeffer wächst", so sind damit die Küste von Malabar, die Halbinsel Malakka und der Malaiische Archipel gemeint. Keine schlechten Orte, würde ich heute sagen!

Welch große Rolle der Pfeffer in früheren Zeiten gespielt hat, wird deutlich, wenn man erfährt, daß Alexander der Große sich in den Besitz von Arabien, das als Ursprungsland des Pfeffers angesehen wurde, bringen wollte. Die Gewürzhändler im Alten Rom hießen „Piperarii", was Pfefferhändler bedeutet, und reiche Kaufleute wurden „Pfeffersäcke" genannt. Selbst als Zahlungsmittel und zum Zeichen besonderer Ehrerbietung wurden Säcke mit Pfeffer anerkannt. So erklärt sich auch das heutige Glückssymbol des Pfeffersäckchens mit einem Glückspfennig. Der Besitz von Gewürzen bedeutete unermeßlichen

Reichtum und politische Vormachtstellung. Gott sei Dank, daß sich diese Zeiten geändert haben!

Heutzutage ist es auch für eine Kräuterhexe mit entsprechendem Hexenladen selbstverständlich, die „Düfte des Orients" anzubieten. Meine Kundschaft weiß es zu schätzen, daß es bei der Kräuterhexe Gewürze offen und grammweise mit der entsprechenden Beratung zu kaufen gibt. So kann man Gewürze sehr individuell zusammenstellen und ein alsbaldiger Verbrauch ist gewährleistet. Wußten Sie, daß der echte Sternanis die sternförmigen, graubraunen Kapselfrüchte von Illicium anisatum sind, einem Baum aus der Magnolienfamilie? Durch den hohen Anteil des sich darin befindlichen Anisöls, das übrigens dem Öl der Anispflanze entspricht, ist der Sternanis ein wichtiger Rohstoff für Likörfabriken. Alles Dinge, die man von der Kräuterhexe erfahren kann!

Magenbitter

Je 2 g getrockneter Salbei, Angelikawurzel und Pfefferminze werden mit 3 g frisch gestoßenem Anis, 2 Sternanisen und 7 gestoßenen Korianderkapseln in eine Flasche gegeben und mit 1/2 l Schnaps aufgefüllt. Nach zwei bis drei Wochen Reife wird die Flüssigkeit abfiltriert und mit einem Sirup, hergestellt aus 300 g Zucker und 80 ml Wasser, gemischt. Zurück in eine Flasche füllen und noch einmal 14 Tage reifen lassen.

Ein Gewürzstrauß von der Kräuterhexe mit vielerlei Gewürzen und einheimischen Beeren und Samenständen aus der Natur

Viele Freuden werden zertreten,
weil die Menschen nur in die Höhe gucken,
und was zu ihren Füssen liegt,
nicht achten.

Aus der Hexenwerkstatt: Gepreßte Pflanzen

Eine schöne Arbeit mit Kräutern und Blüten ist die Gestaltung von Bildern, Karten, Kerzen und Briefpapier mit gepreßten Pflanzen. Eine Kräuterhexenspezialität ist die Collagentechnik, mit der ich Gezeichnetes und Getrocknetes zu einem Objekt mit neuem ästhetischen Inhalt verbinde. Dies ist deshalb eine Spezialität, weil diese Technik für Ungeübte nicht ganz einfach nachzuahmen ist. Erfahrung und handwerkliches oder künstlerisches Können, wie zum Beispiel das Zeichnen und ein Gespür für Komposition und Proportionen, sind unbedingt erforderlich, da das Werk sonst nicht als „harmonisch" empfunden würde.

Es geht aber auch einfacher. Gepreßte Pflanzen sind leicht herzustellen, und buntes Papier oder Karton findet sich in jedem Haushalt. Wichtig sind noch Hilfsmittel, wie Pinzette, Klebstoff, Schere und gegebenenfalls eine Glasplatte zum Abdecken noch nicht fertiger Werke. Getrocknete Gräser und Blüten eignen sich, sofern diese nicht zu dick sind.

Wenn Sie selbst sich auch an diesen Werken, die immer Unikate darstellen, versuchen möchten, so kleben Sie nicht alles sofort fest. Sie sollten zunächst eine Komposition legen und solange verändern, bis sie mit dem Ergebnis zufrieden sind. Dann erst bringt man die große Klebstofftube in Aktion. Als Faustregel gilt: kompakte Pflanzenteile, wie zum Beispiel Blätter und Blüten, im unteren Bereich der Vorlage anbringen, filigranere Teile, wie Gräser, kleine Blütenranken und Miniblüten, im oberen Teil anlegen, so daß eine gewisse Tiefe erreicht wird, die das Bild auch dreidimensional erscheinen läßt.

Collagentechnik: meine Hexenspezialität seit vielen Jahren (großes Bild)

Individuelle Geschenke: Karten, Kerzen, Dosen, mit gepreßten Blättern und Blüten verziert

Gerne male ich kleinere Bilder mit Wasserfarben, die mit gepreßten Naturmaterialien verschönt werden.

Gesundheitstees selbst mischen

Das Mischen von Teesorten ist eine der wichtigsten Tätigkeiten einer Kräuterhexe. Das Geheimnis liegt in der Kombination und Relation der Zutaten, die sich in ihrer Wirkung ergänzen und verstärken.

Auf die richtige Mischung kommt es an

Das Wichtigste sind zunächst die Ausgangsprodukte, also die einzelnen Heilkräuter. Sie müssen von bester Qualität sein, das heißt den Vorschriften des Europäischen Arzneibuches entsprechen. Nur so ist eine nachgewiesene Konzentration der Wirk- und damit Heilstoffe gewährleistet. Daß diese Kräuter rückstandsfrei und unbelastet sowie fachmännisch getrocknet und zerkleinert sind, ist selbstverständlich. Wenn Sie selbst einmal Kräuter trocknen wollen, so sollten diese „rascheldürr" sein, ehe sie in gut schließenden Dosen gelagert werden. Jede Restfeuchtigkeit bringt unweigerlich Schimmelbildung mit sich. Nahezu alle Kräuter können getrocknet werden. Ausnahmen bilden die besonders fleischigen und wasserhaltigen Pflanzen, wie zum Beispiel Bärlauch.

Über die Zusammensetzung von Teemischungen haben sich gewisse Faustregeln gebildet. Man wählt entweder das einfachste Mischungsverhältnis, in dem man gleiche Teile bildet, oder aber man nimmt verschieden große Anteile der einzelnen Kräuter. Man sollte dann schon über die Wirkungskraft der einzelnen Pflanzenbestandteile Bescheid wissen. Denn eine gute Teemischung besteht immer aus Wirkkräutern, geschmacksverbessernden Kräutern und eventuell aus sogenannten Schmuckdrogen. Die Grenzen sind hier allerdings fließend, da geschmacklich gute Kräuter und Schmuckkräuter natürlich auch eine eigene Heilwirkung haben können.

Zur Verdeutlichung ein Beispiel für eine Hustenteemischung.

Wirkkräuter sind Salbei, Huflattich, Schlüsselblumen, Thymian, Spitzwegerich. Salbei und Thymian sind gleichzeitig auch Geschmackskräuter durch ihren Gehalt an ätherischen Ölen.

Geschmacksverbessernde Kräuter sind Anis und Fenchel, man nimmt sie auch wegen ihrer Heilwirkung (auswurffördernd, krampflösend), daher auch Wirkkräuter genannt.

Schmuckdrogen sind Klatschmohnblüten, Schlüsselblumen oder Veilchenblüten. Sie geben der Teemischung „Farbe", sind aber gleichzeitig auch Heilkräuter (Klatschmohn z. B. ist beruhigend).

Ein weiterer wichtiger Aspekt bei der Zubereitung einer Teemischung ist der Zerkleinerungsgrad der Bestandteile. Es ist wohl einleuchtend, daß das wichtigste Merkmal ätherischer Öle darin besteht, sich ohne Fettfleck rasch zu verflüchtigen und daher bei geschnittenen oder gar

Hier mische ich gerade meinen Spezial-Entschlackungstee für die Frühlingskur.

Ein genaues Abwiegen der verschiedenen Teekräuter ist besonders wichtig, damit die Mischung hinterher auch optimal wirkt.

gemahlenen Drogen am schnellstens verloren gehen. Da diese ätherischen Öle aber oftmals gerade eigentlich die Heilwirkung erbringen, ist es sinnvoll, diese Pflanzenteile im Ganzen zu lagern und erst unmittelbar vor Gebrauch anzustoßen, das heißt, in einem Mörser mit dem Pistill zu bearbeiten. Im Haushalt geht das Ganze auch mit einer ausgedienten Kaffeemühle (für das Mahlen von Kaffee später nicht mehr geeignet, da die Öle noch lange anhaften), in der Anis, Fenchel, Kümmel u. a. kurz (!) zerkleinert werden.

WINTERTEE

25 g Hagebuttenschalen, 10 g Hibiskusblüten, 20 g getrocknete Apfelstücke, 10 g Rosenblüten, 10 g Orangenblüten, 10 g Anis, frisch gestoßen, 20 g Zimt, geschrotet, 10 g Thymian, 20 g Brombeerblätter, 20 g Fenchel, frisch gestoßen, 10 g Nelken, frisch gestoßen

Alle Drogen werden in einer großen Schüssel mit zwei Löffeln gemischt und dann in einer gut schließenden Teedose aufbewahrt.

In der Regel wird pro Tasse ein Teelöffel Kräutermischung mit kochendheißem Wasser überbrüht. Wichtig ist, daß der Tee zugedeckt zieht, sonst verflüchtigen sich wertvolle Substanzen in die Luft. Nach fünf Minuten seiht man ab und trinkt den Tee lauwarm.

ENTWÄSSERUNGSTEE

20 g Brennesselblätter, 20 g Birkenblätter, 20 g Stiefmütterchenkraut (blaublühend), 10 g Gänseblümchen, 20 g Zitronengras, 10 g Zinnkraut

Alle Drogen werden in einer großen Schüssel gemischt. Brennesselblätter, Birkenblätter und Zinnkraut sind stark wassertreibende Drogen, die sich in dieser Kombination in ihrer Wirkung verstärken.

Wenn Sie diesen Tee die Frühjahrskur begleitend zu sich nehmen, sollten Sie nach vier bis fünf Tagen eine Pause von zwei bis drei Tagen einlegen, damit der Mineralstoffhaushalt im Organismus erhalten bleibt.

Echte Kamille (ganz oben) und Birkenblätter (oben) sind altbewährte Heilkräuter.

Der Frühling

Es ist soweit! Was in den ersten wenigen Monaten des neuen Jahres nur als ein Ahnen empfunden wurde, ist jetzt nicht mehr zu übersehen und auch nicht zu überhören. Ich lausche auf das Frühlingskonzert der Vögel. Es nimmt mit jedem Tag an Klangstärke zu. Ich entdecke die ersten Frühlingsblüher; eindeutige Beweise dafür, daß der Winter vorbei ist und das Leben „neu beginnt“.

Aus dem Hexentagebuch

Auf dieser herrlichen Wiese finde ich im Frühjahr Gänseblümchen, Knoblauchrauke, Löwenzahn und Schafgarbe für den ersten Wildkräutersalat.

Nun beginnt die Zeit der Wildkräuter, die in der Küche der Kräuterhexe benötigt werden. Sie passen hervorragend zum bevorstehenden Osterfest und dessen Symbolik der Fruchtbarkeit, der Gesundheit und des neuen Lebens. Ich gehe hinaus und schaue nach den ersten grünen Blättchen und Blüten auf der Wiese. Löwenzahn, Schafgarbe, Sauerampfer, Wegeriche, wilder Knoblauch, Bärlauch, aber auch Brennessel, Gänseblümchen und Knoblauchrauke sind jetzt gerade jung und zart genug, um daraus Salat, Spinat oder eine wohlschmeckende Suppe oder Soße zuzubereiten.

Wildkräuterküche

Traditionell veranstalte ich in dieser Zeit vor Ostern meine Wildkräuterkochkurse, die immer ausgebucht sind. Es macht den Menschen offenbar wieder Spaß, an der Natur teilzuhaben, und dies besonders beim Essen.

Vor der Walpurgisnacht (30. 4.) finde ich mit etwas Glück das „Hexenkraut", die blühende Gundelrebe. Wer es bei sich trägt, erkennt jede Hexe.

Wildkräuter, wie ich sie oben aufgeführt habe, liegen nicht in Kisten der Lebensmittelmärkte, sondern sie müssen jedesmal mühselig gesammelt werden. Selbst wer in der glücklichen Lage ist, über ein Baumgrundstück mit Naturwiese verfügen zu können, muß seinen Buckel noch ziemlich krumm machen, um die nötige Menge an Kräutern für eine Mahlzeit zu finden. Noch schwieriger wird es, wenn verschiedene Gebiete aufgesucht werden müssen, um von Umwelteinflüssen unbelastete Kräuter zu finden. „Unbelastet" ist ein Wort, das unsere Vorfahren in diesem Zusammenhang nicht kannten, aber einer heutigen Kräuterhexe das Leben schwer macht. Die vier Wermutstropfen, die heute bei aller Liebe zur wiederentdeckten Natur allgegenwärtig sind, heißen Spritzen, Düngen, Abgase und Hunde, wobei ich all jenes, was „aus der Luft kommt", jetzt einmal unberücksichtigt lasse. Die paradiesischen Verhältnisse in Sachen Kräuter, wie sie in früheren Generationen noch vorherrschten, sind endgültig vorüber. Geeignete Sammelgebiete sind rar. Aber es gibt sie noch, die Streuobstwiesen, Bergwiesen, Wasserschutzgebiete, gering belastete Wälder und Waldlichtungen und – und das ist mein Glück als Kräuterhexe – ausgewiesene Naturparks.

Ostern feiern

Doch zurück zum Frühling und zu Ostern. Es wird nun Zeit, meine Hexenostereier zu bestellen. Ostereier bestellen? Weil es eben Hexenostereier sind! Diese sind keine gewöhnlichen Eier, sondern ganz besondere. Die Form ihrer Schale paßt in keine Handelsklasse, da sie unförmig, faltig, eingedrückt oder sonst irgendwie entstellt sind. Ihren Inhalt finden wir verarbeitet im Nudelregal vor. Demnach müssen es aber dennoch „normale" Hühnereier sein, wenn auch das Äußere etwas anderes erwarten läßt. Die Deformation der Schale entsteht durch Reflexe des Huhnes genau zum Zeitpunkt des Eierlegens. Es handelt sich um nichts anderes als um Abdrücke des Hühnerdarms in der Kalkschicht. Dieses Phänomen hat zum Begriff des „Schreck-Eies" geführt. Sehr treffend, finde ich.

Schreckeier kommen auf jedem Hühnerhof vor und können von dort bezogen werden.

Diese Sonderexemplare an Eiern werden also über einen längeren Zeitraum auf dem Hühnerhof für mich gesammelt. Nachdem ich eine stattliche Anzahl „ausgeblasene" Exemplare beisammen habe, geht es an die Verzierung.Sie besteht bei einem Original-Kräuterhexen-Osterei aus einem kernigen Spruch aus meiner Zitatensammlung, der mit der Tuschefeder aufgebracht wird, und zusätzlich aus einer Collage aus gepreßten Frühlingskräutern und -blüten. Diese Ostereier werden dann entweder mit einem Stab oder mit einer Aufhängevorrichtung versehen, die aus einem Stück Wurstgarn oder einem bunten Baumwollfaden bestehen kann. Wenn ich diese Eier verschenke, beziehen sich die darauf geschriebenen Sprüche natürlich auf die beschenkte Person!

Einen kleinen Teil dieser Hexenostereier habe ich zur Osterzeit in meiner Galerie zum Verkauf.

Jeder bekommt sein eigenes Sprüchlein aufs Hexenei.

Die Neupflanzung einiger Kräuter kann schon sehr früh im Jahr vorgenommen werden. So werden, z. B. Thymian, Oregano, Salbei, Majoran und Lavendel, also alles „Südländer", bereits im Februar als gut durchwurzelte Topfware angeboten. Da es sich um Pflanzen handelt, die jedoch in unserem Klima kultiviert wurden, können sie bereits Ende Februar oder Anfang bis Mitte März ins Freie ausgepflanzt werden. Dabei ist darauf zu achten, daß der Gartenboden, auch bis in tiefere Schichten, nicht mehr gefroren ist. Selbst bei hoher Bodenfeuchte müssen neugepflanzte Kräuter gut angegossen werden, um ein optimales Anwachsen zu gewährleisten.

Arbeiten im Hexengarten

In die Zeit der Wildkräuterküche und des Ostereierverzierens fallen bereits die ersten Arbeiten im Hexengarten, der nun täglich mehr zu neuem Leben erwacht. Die grünen Austriebe der Frühkräuter und die „Frostleichen" sind jetzt genau zu erkennen und voneinander zu unterscheiden. Die Blüten der Zwiebelpflanzen heben sich sehr intensiv von dem restlichen Grün und Braun ihrer Umgebung ab.

Erst jetzt, und wirklich erst jetzt, wenn der Neuaustrieb an meinen Heil- und Küchenkräutern deutlich auszumachen ist, werden die abgestorbenen Triebe des vergangenen Jahres zurückgeschnitten. Sie bildeten einen natürlichen Winterschutz vor dem Erfrieren und Vertrocknen. Viele Kräutergärtner machen den Fehler, und wie es zudem noch in den meisten Gartenbüchern beschrieben steht, daß sie im Herbst nicht nur Bäume, Rosen, Schmuckstauden und sonstige Gewächse zurückschneiden, sondern eben auch die Kräuterpflanzen. Dies stellt sich im Frühjahr als schmerzlicher Verlust dar. Die meisten Kräuter haben sich dann nämlich auf Nimmerwiedersehen verabschiedet, sind also erfroren oder aber, was besonders bei Kahlfrösten (= Frost ohne Schneedecke) der Fall ist, vertrocknet. Hauptsächlich bei Salbei, Lavendel, Thymian und Rosmarin stellen sich auf diese Art und Weise Verluste ein.

Wenn ich also nun durch meinen Garten gehe, die alten Triebe abschneide und Erfrorenes beseitige, wird gleichzeitig eine Bestandsaufnahme gemacht. Welche Pflanzen sind noch vorhanden, welche müssen ausgetauscht werden, welche sind zu teilen, und wo ist noch ein Plätzchen frei für Neuankömmlinge – alles Fragen, die ich bei einem Gartenspaziergang versuche zu beantworten.

Pflanzzeit im Hexenkräutergarten: Am geeigneten Platz ein Loch graben (rechts), die Pflanze aus dem Topf nehmen (Mitte rechts), eingraben und etwas andrücken (ganz rechts). Zum Schluß das Angießen nicht vergessen.

Die ersten Triebe begrüßen

Die ersten Triebe des Estragons und des Liebstöckels schauen mir leicht rötlich entgegen, der Schnittlauch streckt die ersten zarten Röhrchen aus der Erde, und die Zitronenmelisse hat bereits Blättchen gebildet. Ich erwähne diese Kräuter in dieser Reihenfolge, da es diejenigen sind im Kräutergarten, deren oberirdische Pflanzenteile im Herbst ganz einziehen bzw. absterben.

Mein Weg geht weiter zu meinen „Mediterranen", das heißt zu den Kräuterstauden, die ursprünglich aus dem Mittelmeerraum zu uns gekommen sind. Nun haben Kräuter ja keine Beine, und ich werde daher immer wieder gefragt, wie diese „Fremdländer" in unsere Gärten gekommen sind. Rosmarin, Salbei, Thymian, Oregano (Dost), Raute, Wermut, um nur einige zu nennen, befanden sich vor mehreren hundert Jahren im Gepäck von Mönchen, die schon immer eine rege Reisetätigkeit betrieben haben, „im Namen des Herrn". Die Ableger dieser Mitbringsel wurden dann in den Klostergärten angebaut und bekamen von dort aus durch Kräuterweiber wieder Füße und wanderten so in die Gärten des Landmannes.

Aus der Beschreibung geht hervor, daß diese Mittelmeerraumabkömmlinge ihre

Sammelzeit für viele Kräuter: Feldsalat, Dill und Kerbel, Thymian und Minze

oberirdischen Triebe sehr wohl behalten müssen, um jetzt im Frühling neu sprießen zu können.

Nachdem ich alle „meine Lieben" ordentlich begrüßt und mich bei den auf der Strecke gebliebenen Pflanzen verabschiedet habe, mache ich mir eine Pflanzliste für nötige Neuankömmlinge, deren Beschaffung unverzüglich in die Tat umgesetzt wird, denn ich habe als Kräuterhexe die Erfahrung gemacht, daß die meisten Kräuter durchaus einen sehr frühen Pflanztermin vertragen. Die Erde ist dann auch noch feucht genug und die zunehmende Wärme tut ebenfalls das ihrige dazu, um ein gutes Anwachsen zu gewährleisten.

Ich werde immer wieder gefragt, wo man Pflanzgut für den Kräutergarten bekommen kann. Viele Gartenbaubetriebe können fast alle gewünschten Kräuter besorgen. Eine exakte Pflanzenliste ist dafür nötig. Darüber hinaus gibt es Spezial-Kräutergärtnereien, die Pflanzen auch verschicken. Die Adressen finden Sie in Gartenzeitschriften.

Das Gänseblümchen, hier zwischen gelbem Löwenzahn und blauem Ehrenpreis, ist einer meiner Favoriten im Wildkräutersalat.

Meine Frühlingskräuter

Mein Weg durch den Kräuterfrühling führt mich weiter aus dem Kräutergarten hinaus in die Landschaft, die ich gerne als meinen Wildkräutergarten bezeichne. Die Frühlingskräuter begrüßen mich ihrerseits mit Blüten und frischem Grün, so daß ich mich nur noch zu bücken brauche, um für eine erste Wildkräutermahlzeit zu ernten.

Frühere Generationen sagten diesen ersten Kräutern im Jahr eine große Heilwirkung nach; denn sie bildeten doch den ersten Vitaminstoß – so würde man heute sagen – nach einem langen entbehrungsreichen Winter. Es gab früher sehr viele Rituale, auf welche Weise diese Kräuter zu ernten waren. Die meisten mußte man sofort und noch vor Ort verspeisen, um ganz in den Genuß der Heilwirkung zu kommen. So sollten zum Beispiel auch die ersten drei Gänseblümchenblüten oder die ersten Blätter der Gundelrebe, die man findet, an Ort und Stelle mit der entsprechenden Andacht gegessen werden, damit diese für ein Jahr lang Gesundheit spenden konnten.

Nachfolgend möchte ich nun einige meiner ganz persönlichen Frühlingsfavoriten vorstellen.

Gänseblümchen *(Bellis perennis)*

Das Gänseblümchen, auch Maßliebchen, Marienblümchen oder Regenblume genannt, ist wohl eines der bekanntesten Frühlingsblümchen. Die kleinen Blumen mit ihren rosaroten Spitzen an den weißen Strahlenblüten und den gelben Blütenköpfen leuchten uns bei schönem Wetter entgegen. Das Gänseblümchen wird aus diesem Grund auch Regenblume genannt, denn bei bevorstehendem Regen- oder Schlechtwetter bleiben die Blüten geschlossen und neigen sich der Erde zu.

Aber so klein und bescheiden dieses Gänseblümchen auch aussieht, es ist von hervorragendem Nutzen für unseren Körper – besonders im Frühjahr. Es wirkt aufgrund seiner Inhaltsstoffe stoffwechselanregend, aber auch krampf- und hustenlösend, also gerade für die Frühjahrskur besonders zu empfehlen. Zwar gibt es einen Gänseblümchentee, wesentlich interessanter und schmackhafter ist jedoch das Gänseblümchen als frische Pflanze in einem Salat zu genießen.

Bärlauch und Knoblauchrauke

Ebenfalls duftend, aber in eine ganz andere Geschmacksrichtung, sind meine Lieblingsküchenkräuter aus der „Wildnis": Bärlauch und Knoblauchsrauke. Der Name verrät es schon, Knoblauchgeschmack ist gemeint. Dieser ist zwar nicht jedermanns Sache, aber trotzdem gesund, denn Bär-

Meine Lieblingsküchenkräuter aus der Wildnis, Bärlauch (Allium ursinum, *ganz links) und Knoblauchrauke* (Alliaria petiolata, *links) mit dem typischen Knoblauchgeschmack*

lauch enthält die Hauptwirkstoffe des Knoblauchs in sich, das Allicin und zusätzlich, wer hätte das gedacht, hormonartige Substanzen, die den männlichen und weiblichen Sexualhormonen ähneln. Knoblauchrauke enthält Senfölglykoside.

Der Genuß von Knoblauchkräutern, wie die vorher erwähnten, ist Menschen zu empfehlen, die gerne Knoblauch essen, jedoch mit dessen Schärfe nicht ganz zu Rande kommen. Das Aroma des Bärlauchs und der Knoblauchrauke befindet sich in den Blättern. Diese werden kleingeschnitten und dann Suppen, Salaten und Soßen beigegeben. Auch ein Butterbrot mit Bärlauch ist eine besondere Delikatesse. Beide Kräuter wirken zudem auf unsere Gesundheit antibakteriell, antibiotisch, blutdrucksenkend und durchblutungsfördernd. Dadurch wird Verkalkung und die Verengung der Blutgefäße verhindert.

Hohe Schlüsselblume *(Primula elatior)*

Weniger zum Essen als vielmehr zum Trinken ist Tee aus der Schlüsselblume geeignet. Aus dem Himmelsschlüsselchen kann man einen wunderbaren Hustentee brauen, Schlüsselblumenhonig gewinnen oder Likör ansetzen – je nach Bedarf. Für den Sammler ist wichtig und zu beachten, daß Schlüsselblumen unter Naturschutz stehen und nur aus Kulturen geerntet werden dürfen!

Die Hohe Schlüsselblume, (Primula elatior) *steht bei uns unter Naturschutz und darf nicht gesammelt werden.*

Verwenden Sie nur den besten Essig und bestes Kräuteröl für Ihren Salat.

Aus Hexenküche und -labor: Wildkräuterküche

Die gesunden, frischen und zarten Frühjahrskräuter der Monate Februar, März und April bieten sich geradezu an, jetzt in der „wilden" Küche zu kulinarischen Köstlichkeiten verarbeitet zu werden. Wildkräuter in der Küche –, für manchen Menschen ist das bestimmt eine gewöhnungsbedürftige Vorstellung. Das kann ich bei meinen Kochkursen immer wieder beobachten. Was ansonsten „Kuh & Co." zu fressen bekommen, ziert nun in etwas abgewandelter Form den Eßtisch. Mutige Frauen (und manchmal auch Männer) begeben sich alljährlich zur Kräuterhexe, um beispielsweise für die Osterfeiertage ihren Speiseplan durch etwas Grünes aus Wildkräutern zu ergänzen. Im Anschluß an einen solchen Besuch in der Hexenküche finden dann manch erstaunter Ehemann und noch viel eher erstaunte Kinder anstatt der Nudelsuppe eine Wildkräutersuppe mit Sahneklecks und Knoblauchbrot vor sowie anstatt des Treibhaussalates einen Wildkräutersalat mit Gänseblümchen und anstelle der berühmten Spaghetti bolognese eben Spaghetti mit Bärlauchbutter oder Wildspinat. Hex! Hex! Und ich habe bisher noch nie davon gehört, daß bei einem solchen „Austausch" der Speisen die Köchin mitsamt jenen aus dem Fenster geworfen wurde. Es hat wohl doch geschmeckt, wenn auch anders!

Die Wildkräuter stelle ich nach dem Sammeln bis zum Verarbeiten ins Wasser.

Wildkräutersalat herstellen

Wie Sie unten auf dem Foto erkennen können, unterscheidet sich die Herstellung eines Frühlingskräutersalates nicht im geringsten von einem „normalen". Mit einer Ausnahme natürlich: der Beschaffung, nämlich das Sammeln der Zutaten.

Mein Vorschlag für Neueinsteiger: Man nimmt einen Korb und ein Messer, begibt sich in die freie Landschaft von Feld, Wald und Wiese, vergewissert sich, daß weder gedüngt, gespritzt, noch Hunde ausgeführt wurden, daß sich keine Autostraße in der Nähe befindet. Seine Kräuter muß man genau (!) kennen, und es müssen entsprechend genug vorhanden sein. Es sollten aber nur soviel geerntet werden, wie man braucht. Die gepflückten Kräuter sollten vor Ort grob von Anhaftendem und evtl. Getier gesäubert werden. Das übliche Salatputzen setzt man zu Hause fort. Wie man sieht, das ist keine Hexerei. Oder doch?

Mögliche Wildsalatkräuter für den Salat sind: Brunnenkresse ohne Wurzeln, Blüten und Blätter vom Gänseblümchen, junge Löwenzahnblätter, Sauerampferblätter, wilder Feldsalat und Wiesenschaumkrautblüten.

Frühlingskräutersalat aus Frisée, Kleiner Pimpinelle, Weinbergslauch, Zwiebeln und Knoblauch – ein Gedicht

Wildgemüse aus meiner Küche

Grundsätzlich muß man eines wissen: Wildkräuter – gleichgültig, ob es sich hierbei um Küchen- oder Heilkräuter handelt, besitzen sehr hochwirksame Inhaltsstoffe, die sich sowohl im Geschmack als auch in der Wirkung bemerkbar machen. Die meisten Kräuter haben Bitterstoffe, ätherische Öle, Vitamine, Gerbstoffe, Zucker und hormonähnliche Substanzen in ihren Pflanzenteilen sehr unterschiedlich verteilt vorliegen. Es ist leicht zu verstehen, daß diese Inhaltsstoffe, deren Intensität darüber hinaus stark von der Erntezeit abhängt, auch für den Geruch und den Geschmack verantwortlich sind.

Wie bereits erwähnt, ist das Kochen mit Wildkräutern hauptsächlich in den Frühlingsmonaten möglich. Im Sommer sind die Pflanzen ausgewachsen und somit einfach zu derb, bitter und damit ungenießbar. Eine Ausnahme bilden die Blüten, die auch im Sommer noch für die Zubereitung in der Küche geeignet sind.

Die einfachste Methode, den Geschmack der Wildkräuter kennen zu lernen, besteht darin, einmal eines ihrer Blätter oder eine Blüte „pur" zu probieren. Das ist sicherlich nicht jedermanns Sache, und ich gebe zu, auf diese Art und Weise sind Überraschungen im positiven und im negativen Sinne möglich. Etwas entschärfter ist da schon die Methode eines wässerigen Auszugs, das heißt entweder

Ein Wildkräuter-Spinat nach Kräuterhexenart, mit Gänseblümchenblüten verziert

Melde *(ganz links)*

Der Gute Heinrich (Chenopodium bonus-henricus, *links*)

als Tee oder als Suppe. Das zu erforschende Kraut wird kurz in Wasser oder Fleischbrühe aufgekocht. So gibt es das Geheimnis seines Geschmacks preis.

Die Mutigen unter den Kräuterköchen, die sich mit dem Gedanken tragen, gleich eine nahrhafte Kräutermahlzeit herstellen zu wollen, sollten an dieser Stelle den Rat der Kräuterhexe befolgen: Ersetze nur einen Teil der Essenszutaten durch Wildkräuter! Im Klartext heißt das, daß bei der Zubereitung von Wildgemüse, wie z. B. aus Brennesselblättern, Schafgarbenblättern, Gänseblümchen, Gierschblättern oder Sauerampfer, ein Teil durch Mangoldgemüse, Blumenkohl, Kohlrabi, Sellerie oder Kartoffeln ersetzt wird.

Ähnlich wäre das Vorgehen bei der Zubereitung von Wildkräuterspinat, -suppe oder -soße.

Apropos Spinat

Kennen Sie ein altes Wildkraut mit dem schönen Namen „Guter Heinrich"? Dieses stickstoffliebende Kraut ist heute noch, sofern man es kennt, in der Nähe von Ställen, Almhütten und an Ortsrändern zu finden. Der Gute Heinrich wurde lange Zeit als milder Spinat oder Suppeneinlage hoch geschätzt, fehlt ihm doch der leicht bittere, zusammenziehende Geschmack unseres heutigen Spinats. Entdecken Sie diese Art Spinat neu! Es wird mit Sicherheit eine angenehme Überraschung sein.

Wildspinat

Beliebig viele Wildkräuter, wie Melde, Guter Heinrich, Brennessel, Bärlauch, Löwenzahn, Vogelmiere, Spitzwegerich, Schafgarbe, Giersch, heiß waschen, hacken oder schneiden. Schinkenspeck würfeln, eine gehackte Zwiebel und drei zerdrückte Knoblauchzehen in Butter andünsten. Die Kräuter mit dazugeben, kurz andünsten und mit wenig Fleischbrühe weitergaren, bis die Flüssigkeit eingekocht ist. Einen halben Becher Sahne mit drei gestrichenen Eßlöffeln Dinkelmehl verrühren und zu der Spinatmischung geben. Einmal aufwallen lassen und, mit Muskat gewürzt, servieren.

Die Frühlingsküche kann mit Kräutern aus Garten und Natur reichlich verfeinert werden.

Kräutersuppen für Feiertage und andere Gelegenheiten

Wie wäre es mit einer Suppe? Eine gute Suppe hält Leib und Seele zusammen. Dieser Kernsatz beinhaltet bereits alles, was mit einer guten Suppe zu erreichen ist. In allen Lebenslagen, ob gesund oder krank, ob in einer Höhle oder in einem Palast lebend, ob auf einem hohen Berg oder auf hoher See, ob am Äquator oder an einem der Pole, dieses flüssig-feste Mahl spendet Trost bei Hungergefühl. Eine Suppe erwärmt oder kühlt und macht satt. Sie entspricht also genau den Grundbedürfnissen eines Menschen und ist wohl mit das älteste Gericht der Menschheit.

Die Kräuterhexe bevorzugt die Urform einer Suppe: Wildkräuter (irgend etwas findet man immer), ein wenig Fett, genügend Wasser und eine leichte Würze – das bekannte Salz in der Suppe –, und schon ist ein Seelen- und Magentröster fertig. Dieses Rezept kann jetzt im Frühjahr natürlich sehr vielfältig abgewandelt werden.

Meine Feiertagskräutersuppe besteht aus mehreren Kräutern, wie beispielsweise Brennessel, Guter Heinrich, Gänseblümchen, Löwenzahn, Knoblauchrauke, Vogelmiere, Spitzwegerich, Schafgarbe und Taubenkropf. Die Reihe der jetzt verwendbaren Pflänzchen ließe sich unendlich fortführen. Die Kräutermischung bzw. das einzelne Kraut – man benötigt 100 bis 150 g Pflanzenanteile ohne Stiele – wird sauber gewaschen, kleingeschnitten, in Butter angedünstet und mit ca. einem Liter Gemüse- oder Fleischbrühe aufgefüllt. Nach einer Garzeit von etwa zehn Minuten wird das Ganze püriert und – für den Feiertag! – mit einem Becher Sahne und einem Eigelb legiert. Mit gerösteten Brotwürfeln serviert, ist der gelungene Einstieg in ein Festmahl garantiert. Eine solche Kräuterrahmsuppe kann durch die Einlage von hartgekochten Eiern, Lachs oder Schinken zu einer eigenen vollständigen Mahlzeit ergänzt werden.

Noch eine kleine Anmerkung

Genaue Rezeptangaben sind in der Kräuterküche selten zu finden und teilweise gar nicht möglich. Der Grund hierfür besteht darin, daß es je nach Jahreszeit, Landstrich oder Wettersituation wesentliche Unterschiede im Vorkommen der Wildkräuter gibt. Es kann zum Beispiel sein, daß in einer Gegend jede Menge Brennessel, Bärlauch oder Schafgarbe und Spitzwegerich, aber einige Kilometer weiter von jenen überhaupt nichts zu finden ist. Dafür wächst aber eine Reihe anderer Kräuter. Ein küchentechnisches Grundwissen in der Zubereitung von Suppen, Soßen, Salaten und Gemüsespeisen sollte beim Kochen mit Kräutern außerdem auf jeden Fall bereits vorhanden sein.

Meine Feiertagskräutersuppe mit verschiedenen Wildkräutern (Rezept im Text)

Kräutersoßen und Tunken

Neben Salat, Suppen und Spinat ist die Zubereitung einer weiteren interessanten und abwechslungsreichen Köstlichkeit hervorzuheben – Kräutersoßen.

Soßen oder Tunken klingen schon als Begriff gemütlich. Vor meinem geistigen Auge sehe ich die verschiedenen Soßen mit ihren interessanten Strukturen und Farben vor mir stehen, und ich brauche mich nur noch dafür zu entscheiden, ob kalt oder warm, dick oder dünnflüssig, um im nächsten Moment ein Stück Brot darin versinken zu lassen und dieses mit der Soße getränkt zum Mund zu führen. Wie nervös, hektisch und eilig klingt doch da das Wort „Dipp". Der Genuß und die Sinnlichkeit der Tunke sind bei dieser Bezeichnung auf der Strecke geblieben. Eine neue Sprachkultur? Ich meine, daß damit auch die Inhalte und das Verhalten verloren gehen. Also bleibe ich weiterhin bei Soße oder Tunke und werde auch die Schreibweise „Sauce" nicht gebrauchen. Eine Kräuterhexe kennt keine Hektik.

Nach der Erläuterung meiner Philosophie über die Soßen möchte ich dieses Thema auch von der praktischen Seite her diskutieren.

Soßen werden entweder warm oder kalt serviert. Beispiele für eine warme wären Butter- oder Béchamelsoße als Grundrezept, angereichert mit Kräutern ähnlich wie bei einer Suppe. Vielleicht haben Sie schon einmal eine Sauerampfer-, Schnittlauch-, Dill-, Bärlauch- oder Estragonsoße probiert. Diese Spezialitäten sind häufig auf den Speisekarten der gehobenen Gastronomie zu finden. Da aber die wenigsten Gastronomen oder Berufsköche zeitlich in der Lage sind, die dafür benötigten Kräuter frisch zu sammeln, lohnt es sich allemal, solch eine vorzügliche Begleitung zu Gemüse, Fleisch, Fisch oder Teigwaren selbst herzustellen.

Garten-Kerbel

Man wird erstaunt sein, welcher vorzügliche Geschmack kreiert werden kann.

Aber, gemäß der alten Weisheit – erst die Arbeit, dann der Genuß! Die Arbeit beginnt damit, daß wieder einmal erst gesammelt werden muß. Die größte Schwierigkeit liegt darin, nur jene Kräuter auszuwählen, die sich für eine geschmacklich intensive Soße eignen. Es sollten daher weniger Pflanzen mit Bitterstoffen verarbeitet werden, als vielmehr solche, die ätherische Öle besitzen und einen milden Geschmack ausprägen. Oder aber, wer dies mag, verwendet die viel gerühmten und gesunden Knoblaucharomen. Das Bärlauchsößle der Kräuterhexe wird immer wieder gelobt.

Kräutersoßen zubereiten

Die Zubereitung der Kräutersoße nach den üblichen Vorarbeiten ist denkbar einfach. Die sauber geputzten und kleingeschnittenen oder -gehackten Kräuter werden in nicht zu heißer (keine Rauchbildung) Butter ca. fünf bis acht Minuten angedünstet, dann beiseite gestellt. Als Grundrezept rührt man eine Buttersoße aus 20 g Butter, 1 Eßl. Mehl, 1/4 l Salzwasser oder Brühe an, in die danach die halb-

Wiesenschaumkraut

garen Kräuter gegeben werden. Für eine Kräutersoße dürfen es gut 200 g zerkleinerte Kräuter sein.

Die komplette Soße wird dann unter Umrühren ca. fünf Minuten auf dem Herd erhitzt, so daß die Kräuter fertig garen. Auf der ausgeschalteten Kochstelle läßt man das Ganze noch etwas ziehen und gibt dann je nach Geschmack einen Schuß Sahne oder Sauerrahm hinzu. Diese warme Soße eignet sich je nach Kräutereinlage zu den verschiedensten Gerichten.

Der Kräutertatar

Eine andere Spezialität aus der Hexenküche ist die kaltgerührte Kräutersoße oder der Kräutertatar. In einer Schüssel werden zwei Becher Schmand (Sauerrahm), ein Becher Joghurt und 3 Eßl. bestes Olivenöl mit einer kleingehackten Zwiebel (Schalotte) und etwas Salz und Pfeffer glattgerührt. Einige der nun zuzugebenden Kräuter sollten unbedingt aus der Knoblauchfamilie kommen. Meine Lieblingsmischung besteht aus Bärlauch, Weinlauch, Kresse, (wildem) Feldsalat, wenig Sauerampfer und ein bis zwei Gänseblümchenpflanzen ohne Wurzeln, insgesamt ungefähr 150 g.

Die Kräuter werden heiß gewaschen, sehr fein gewiegt und in die Rahmmischung eingerührt.

Dazu ein frisches gutes Bauernbrot und über „Grün"-Donnerstag kann Ostern kommen.

Persischer Ehrenpreis

Meine kaltgerührte Kräutersoße oder Kräutertatar (Rezept im Text)

Hexeneier und „normale“ bemalte Ostereier sammele ich seit vielen Jahren mit Leidenschaft. Dieser Zweig schmückt zur Osterzeit unser Wohnzimmer, und jährlich kommen neue Stücke dazu.

Aus der Hexenwerkstatt: Osterschmuck

Schöne Ostereier

Ostern, das Fest der Auferstehung Christi, der Wiedergeburt, der Fruchtbarkeitssymbole, des neu erwachten Lebens! Ein ganz besonderes Fest für die Kräuterhexe, nicht zuletzt daher, da ich im Zeichen des Widders geboren wurde.

Was macht Ostern für mich so zur Besonderheit? Es ist mein Fest der um mich herum wieder auflebenden Natur und der Hoffnung. Das erste Grün, die ersten Blüten des Jahres sind auch für flüchtige Betrachter der Flora nicht mehr zu übersehen. Ostermärkte landauf, landab führen in die Kunst des Eiverzierens ein und stellen für die Kräuterhexe den arbeitsintensivsten Teil in der Zeit vor Ostern dar. Aber was wäre schon Ostern ohne Eier? Dieses jahrhundertealte Symbol der Fruchtbarkeit ist tausendfach dazu geeignet, verschiedenartig verziert zu werden, um aus einem normalen Vogelei eben ein Osterei werden zu lassen.

Ostereier mit Naturfarben färben

Ich persönlich bevorzuge die alten, klassischen Verziertechniken und investiere gerne eine Menge Zeit dafür, denn aufwendig sind sie allemal. Zuerst möchte ich das schlicht gefärbte Ei erwähnen, das mit Pflanzenfarben gefärbte. Die hieraus entstehenden Farbtöne sind wesentlich harmonischer und sanfter. Kein Ei, das ist das Schöne daran, wird wie das andere.

Wenn ich in meinem alten Kochtopf einen Sud aus jeweils 2 l Wasser und 30 g Krappwurzel, Zwiebelschalen, Blauholz, Kamille, Walnuß oder Rainfarn ansetze und darin dreizehn Eier koche, bekomme ich dreizehn Farbnuancen. So spannend kann Eierfärben mit Naturfarben sein!

Alte Ausspartechnik

Wenn die Zeit dazu reicht, wende ich die alte Ausspartechnik oder Batik an. Ich zupfe im Kräutergarten verschiedene Blättchen ab, zum Beispiel vom Kerbel, der Schafgarbe, dem Efeu, dem Löwenzahn oder Storchschnabel, und lege sie angefeuchtet auf ein Ei. Dieses Blatt auf dem Ei wird dann mit einem Stück einer ausgedienten Nylonstrumpfhose fixiert, das heißt fest umbunden, so daß alle Teile eng am Ei anliegen. So präpariert wird das Ei in ein wie oben erwähntes Farbbad gelegt und darin gekocht, bis die gewünschte Farbtiefe erreicht ist. Bin ich mit dem Ergebnis zufrieden, entferne ich Strumpf und Kraut und erhalte somit den hellen Abdruck der Pflanze auf meinem Osterei.

Die Kratztechnik

Eine andere alte Methode der Verzierung ist die sogenannte Kratztechnik. Sie ist zwar sehr zeitaufwendig, aber für künstlerische Menschen und Kunstliebhaber ein ästhetisches Erlebnis. Das zuvor gekochte und gefärbte Ei (es tut auch ein ausgeblasenes) wird mit einem Kratzmesser oder einer Feder auf die Weise bearbeitet, daß ein Bild mit hellen Konturen auf dunklem Grund entsteht. Die vorher aufgebrachte Farbe wird somit je nach Kraftaufwand mehr oder weniger wieder abgekratzt. Es entstehen Vogel-, Pflanzen- und Girlandenbilder oder grafische Muster in stark räumlicher Tiefe. Daß solche Kunstwerke nicht auf den Ostersonntagsfrühstückstisch, sondern in die Sammlervitrine oder an den Osterbaum gehören, versteht sich von selbst.

Meine Hexeneier

Obwohl mir die auf Seite 36 und 37 beschriebenen alten Techniken nicht fremd sind – ich habe sie alle selbst ausprobiert und praktiziert –, liebt es die Kräuterhexe, mit einer ganz anderen Art von Ostereiern ihren festlichen Schmuck zu gestalten. Sie verwendet nämlich „Hexenostereier", wie schon anderen Orts kurz erwähnt. Um allen Irritationen vorzubeugen – das Legen dieser Eier übernehmen auch in diesem Fall die „Fach"-Vögel! Ich schreibe hier bewußt in der Mehrzahl, denn es sind nicht nur Hühnereier, die ich zu dieser Besonderheit als Grundkörper verwende, sondern auch Eier von beispielsweise Enten oder Gänsen.

Was sind nun um alles in der Welt Hexenostereier? Die Idee, sie so zu nennen, kam mir beim Einkauf von zehn Frühstückseiern. Neun dieser Exemplare waren auch ganz normale Eier, jedoch eines davon erweckte meine besondere Aufmerksamkeit. Es war irgendwie verhext. Weder Form noch Oberfläche entsprach einem handelsüblichen Hühnerei. Die Oberfläche sah aus wie eine Mondlandschaft mit Kratern und Hügeln, und die Grundform Ei – von Wissenschaftlern als optimal beurteilt – war nur noch zu ahnen. Als neugieriger Mensch mit künstlerischen Ambitionen wollte ich natürlich gerne hin-

Mit Pflanzenfarben gefärbte Ostereier, teilweise mit Kräutermuster, die ich nach alter Aussspartechnik herstellte.

ter das Geheimnis eines solch fremden, aber immerhin ästhetischen Produktes kommen, wobei ich immer noch davon ausging, daß es sich wirklich um ein Hühnerei handelte.

Der nächste Weg führte mich also auf einen Hühnerhof in der Nähe meines Wohnortes, der sich auf den Handel mit Eiern und Geflügel sowie Eiprodukten spezialisiert hat. Die Hühner dort leben in Bodenhaltung im Stall und hatten Nester, in die sie ihre Eier legten – manchmal auch daneben. Das sehe ich gerne und beruhigt mich, da doch viele Höfe heutzutage zur Käfighaltung übergegangen sind. Auf jenem Hühnerhof erfuhr ich dann aus erster Hand, daß es sich bei meinem verhexten Ei um ein „Schreckei" handelte. Diese kämen in jedem Hühnerstall vor, wenn auch selten.

Früher sagte man: Die seltsame Form entsteht durch einen Reflex (daher wohl „Schreck") bei der Eiablage, während sich gerade die Kalkschicht, die Eierschale, bildet. Heute weiß man, daß es sich dabei um einen Fehler während der Kalkbildung handelt.

Nachdem ich auch dieses Geheimnis gelüftet hatte, war für mich sofort klar: das werden meine Hexenostereier. Aber wie bearbeite ich sie? Aufgrund ihres Aussehens sind sie ja eigentlich schon fertig. Dies war für mich jedoch kein Grund, sie auch so zu belassen. Es fehlte das besondere „Hexen-Etwas". In einer schlaflosen Nacht war die Lösung schnell gefunden, – wie so oft, wenn ich Probleme wälze. Meine Hexenostereier bekamen einen Schmuck aus gemalten und gepreßten Kräutern und Blüten. Man nennt dies auch Collage. Für eine auch künstlerisch aktive Kräuterhexe recht und schön, aber wo bleibt der Hexenspruch? Die Beschriftung der unregelmäßigen Oberfläche stellte mich aber vor kein schwerwiegendes Problem, besaß ich doch noch genug Übung aus meiner Zeit als Grafikerin.

Nun kennen Sie also die wahre Geschichte über die Herkunft und das Aussehen eines Ostereies aus Kräuterhexenhand!

Meine Osterkiste: Pflanzen der Jahreszeit, dazwischen ein echtes Hexenei im Nest

Osterkranz aus Stroh an meiner Haustür, dekoriert mit Samenständen, Schäfchen, Holzblume und Schmetterling

Blühendes zu Ostern

Frühling und Ostern – eine Zeit, in der das Haus wieder mit frischen Blumen und Kräutern geschmückt werden kann, ohne dabei ein kleines Vermögen wie im Winter bezahlen zu müssen. Der alte Wunsch des Menschen, sich mit Blumen zu umgeben, auch im häuslichen Bereich, läßt sich nun auf mannigfaltige Art und Weise erfüllen. Der Winter hat sich verabschiedet, und um uns herum grünt und blüht es. Floristikbetriebe erfreuen sich jetzt an der gesteigerten Nachfrage nach bunten Frühlingssträußen, Primeln und anderen blühenden Topfpflanzen, die Farbe und Frische in die Stube bringen. Auch der alljährliche Frühjahrsputz ist im Grunde eine zeremonielle Handlung, um den Winter aus dem Haus zu treiben. Die Fenster können wieder weit geöffnet werden, ohne daß es sich in der Heizkostenrechnung sonderlich bemerkbar macht. Die hereinfallenden Sonnenstrahlen erwärmen nicht nur das Haus, sondern auch das Gemüt.

Ich liebe Pflanzendekorationen, die ungekünstelt und einfach aus natürlichen Materialien, wie sie in der näheren Umgebung zu finden sind, gefertigt sind. Aus Moos, Zwiebelpflanzen, wie beispielsweise Schneeglöckchen, Narzisse, Hyazinthen und Tulpen, kombiniert mit frischen Zweigen, Efeu und Rinden lassen sich zauberhafte Naturausschnitte für die Wohnung gestalten. Auch die Gefäße für diese Naturkreationen bestehen bei mir aus urigen Materialien, wie Ton, Steingut, Glas oder Holz. Ein alter Milchkrug aus Steingut, gefüllt mit einem üppigen Strauß Tulpen, ist eine Augenweide.

Osterdeko mit frischen Pflanzen; hier Stiefmütterchen in Lila, Weiß, Schwarz und lila Krokus

Frühlingskränze

Eine typische Frühjahrsdekoration – ähnlich wie zu Weihnachten – sind jetzt die landauf und landab wieder zu entdeckenden Türkränze. Hier sind der Kreativität ebenfalls keine Grenzen gesetzt. Ein schlichter Buchs- oder Efeukranz, verziert mit einem bunten Band, hat ebenso seinen Reiz, wie ein Ginster- oder Birkenreisigkranz mit schmückendem Beiwerk in

Form von Tieranhängern, Blüten, anderen Holzanhängern oder Ostereiern. Ich glaube nur wenige Menschen, die ein solches Exemplar herstellen, schmücken oder gar kaufen und an ihre Tür hängen, kennen den Ursprung dieser Türkränze. Die für uns heute lediglich der Verschönerung dienenden Türkränze hatten in früheren Zeiten eine ganz wichtige Funktion. Aus „neunerlei" Holz gewunden dienten sie dazu, Hexen und Dämonen von Haus und Hof fernzuhalten. Die aus Blüten gebundenen „Himmelfahrtskränzchen" waren Mittel gegen Blitzschlag. Die Blüten mußten morgens schweigend gepflückt werden, um ihre Wirksamkeit entfalten zu können. Vorzugsweise verwendete man Blüten, die auch nach dem Trocknen noch schön aussahen.

Als Kräuterhexe ist es mir ein großes Anliegen, gerade im Deko-Bereich meine Interessenten dahingehend zu überzeugen, daß jede Jahreszeit ihre eigenen Blumen und Pflanzen für unseren Hausschmuck bereithält. Man muß nur danach Ausschau halten. Unsere „inneren Uhren" werden so wieder auf die uns umgebende Natur sensibilisiert. Im Idealfall werden uns dann Rosen, Flieder, Erdbeeren und Spargel an Weihnachten sehr unpassend vorkommen.

Ein Lieblingskranz der Kräuterhexe für den Frühling besteht aus einem Rohling aus Ginster oder Buchsbaum. Dieser wird an einigen Stellen mit Moos umwickelt, in welchem ich Reagenzgläser für frische Blütenstiele verstecke. Eine Efeuranke und aufgeschlagene Eierschalenhälften aus der Küche, die mit einer Klebepistole angeklebt werden, ein buntes Band und Bast vervollständigen meine Dekoration als Symbol für das Leben im Frühling.

Frühlingskranz nach Hexenart: Buchs, Efeu, Ehrenpreis und Veilchen, Osterglocken und Primeln, verziert mit ausgeblasenen Eiern und Stroh-Heuschleifen

Meine Wildkräuterküche

Ich möchte Sie nun einladen, mit mir zusammen einen Frühlingssalat nach Art der Kräuterhexe anzurichten. Damit die Zubereitung nicht gar zu aufwendig wird und auch für „Salatanfänger" ein Erfolgserlebnis verspricht, hier die „halbwilde" Lösung.

Wildkräutersalat selbst zubereiten

Als Basis-Kraut habe ich einen Kopfsalat ausgewählt. Schon beim Einkauf sollte man auf einen festen Kopf achten. Freilandsalat ist jedem Treibhaussalat überlegen und in jedem Fall vorzuziehen. Man erkennt den Unterschied auch als Laie, wobei sicherlich jeder Salathändler gerne über seine Ware Auskunft erteilt. Dieser Kopfsalat wird nun in einzelne Blätter zerteilt und unter fließendem Wasser gewaschen. Wenn man den Wasserstrahl fein einstellt, ist das keine Verschwendung. Im Gegenteil: sowohl vom Wasserverbrauch, als auch von der Qualität her bringt dies nur Vorteile. Ich halte übrigens nicht sehr viel davon, die Salatblätter zum Waschen in eine Schüssel voll Wasser einzulegen. Wichtige wasserlösliche Vitamine des Salates würden so im Abfluß landen und nicht in unserem Organismus, wo sie eigentlich hingehören.

Auf diesen Wiesen wachsen viele Wildkräuter.

Die weißen Blattrippenstückchen breche ich heraus, so daß nur die grünen Teile des Blattes übrig bleiben. Das hat zwei Gründe: erstens schmeckt dieses Mittelstück nicht besonders gut (eigentlich nach gar nichts), und zweitens ist dieser Blatteil ein „reiner Düngerspeicher", den ich meiner Gesundheit auch nicht zumuten möchte.

Den so vorbereiteten Salat gebe ich zum Abtropfen in ein Sieb.

Als nächstes werden die gesamten Wildkräuter gründlich und heiß gewaschen und sortiert. Eine Auswahl möglicher Salatzutaten sind Pimpinellenblätter (nur die Fiederblättchen), Sauerampferblätter, Weinbergslauchröhren, Bärlauch-

Wildkräutersalat herstellen
1.+2. Eine gute Handvoll Wildkräuter mit Kopfsalat mischen, Salatsoße mit bestem Essig und Öl sowie Kräutersalz, Pfeffer und Zwiebel herstellen (ganz links und Mitte links). 3. Soße und Salat vermischen, mit Gänseblümchenblüten garnieren. Fertig (links).

blätter, Löwenzahnblätter, junge Brennesselblätter oder Triebspitzen, ein paar Blättchen Schafgarbe und nicht zuletzt unsere Gänseblümchenblätter. Sie werden nun verlesen und kleingeschnitten.

Die Blüten der Gänseblümchen werden separiert, um später als Augenweide über den fertigen Salat gestreut werden zu können.

In einer kleinen Schale bereite ich die Salatsoße zu.

Dazu wird eine kleine Zwiebel kleingehackt. Wegen ihres Aromas verwende ich dazu gerne Frühlingszwiebeln oder Schalotten. In meiner Soßenschale löse ich einen halben Teelöffel Meer- oder Kräutersalz in zwei bis drei Eßlöffeln Weinessig auf. Wer möchte, kann jetzt noch eine Prise Zucker dazugeben; der Essig wird dadurch milder. Nun noch drei Eßlöffel bestes Olivenöl, einen halben Teelöffel Senf und – des guten Geschmackes wegen – einen Schuß süßer Sahne dazugeben und das Ganze verrühren. Die Salat-Kräuter-Mischung in eine Schüssel geben und mit den Zwiebeln vermischen, die Salatsoße darüber verteilen und unterheben. Zum Schluß streut man die Gänseblümchenblüten darüber und serviert sofort.

Natürlich ist dieses Rezept – ebenso wie fast alle anderen, die in diesem Buch beschrieben werden, je nach Vorkommen der Wildkräuter immer wieder in seiner Zusammensetzung änderbar. Als Faustregel rechnet man auf einen Kopfsalat eine gute Handvoll Wildkräuter. Dies kann von einer Sorte bis zu einer der hier beschriebenen Mischung variieren. Vielleicht entdeckt der eine oder andere Maître de Salade sein Lieblingskraut, welches dann in keinem Salat mehr fehlen darf und aus diesem Grund sogar im Garten angebaut wird.

Wichtiger Tip zur Verwendung der Kräuterpflanzenteile

Es werden immer nur die Blätter, nicht jedoch die Stiele verarbeitet, da diese einfach zu derb sind. Im vorliegenden Rezept heißt dies, daß die Blätter der Pimpinelle und der Brennessel abgezupft werden müssen. Nur so ist eine hervorragende Geschmacksqualität gewährleistet. Guten Appetit!

Die Salatrauke gehört zu meinen persönlichen Favoriten.

Wo werden Wildkräuter gesammelt

Jedesmal, wenn ich bei meinen Kräuterexkursionen und -seminaren auf die Verwendung der Wildkräuter in der Küche und speziell auf die Zubereitung als oder mit Salat zu sprechen komme, werden immer wieder dieselben Bedenken geäußert, ob nicht bei Kräutern aus der freien Landschaft Gefahren bestünden. Schlagworte wie gespritzt, gedüngt, mit Schwermetall belastet, mit Schädlingen verseucht und nicht zuletzt die Frage nach dem Fuchsbandwurm kommen aus den Reihen meiner Besucher und Interessenten.

Ich möchte Ihnen hier einige Hinweise für Ihren nächsten Sammelspaziergang geben, die auch von einer Kräuterhexe beachtet werden und ihr sehr am Herzen liegen. Meine leider oft unfreiwillig aus dem Leben geschiedenen Vorgängerinnen, die Kräuterhexen vergangener Jahrhunderte, hatten diese Probleme der modernen Zivilisation nicht. Sie konnten außerdem auf einen viel reichhaltigeren Vorrat aus der Natur zurückgreifen, als es mir heute selbst an Idealstandorten möglich ist. Ein solcher Idealstandort zum Sammeln der Kräuter wäre z. B. eine abgelegene Wiese, ein von Straßen unberührter bzw. nicht tangierter Wald oder Waldrand oder ein Acker ohne synthetische Dünge- und Spritzmittel. Aus natürlichen Stoffen hergestelltes Spritzmittel, wie z. B. Brennnesseljauche, wird uns wohl kaum schaden.

So unwahrscheinlich es klingen mag, aber solche Stellen gibt es noch. Man muß allerdings danach suchen, und das kann einige Zeit dauern. Als naturverbundener Mensch kennen Sie bestimmt ganz spezielle Wege, auf denen Sie wandern oder spazierengehen. Ich empfehle daher, genau zu beobachten, was sich dort das Jahr über so abspielt. Werden Äcker gedüngt? Werden Hunde ausgeführt? Fahren eventuell viele Autos, oder wird etwa in Weinbaugebieten sehr viel gespritzt? Nur wenn man diese Fragen mit „nein" beantworten kann oder wenn man sich ggf. über Spritz- und Düngemittel kundig gemacht hat, lohnt es sich, den „Buckel krumm zu machen", wie ich es immer gerne ausdrücke. Streuobstwiesen, Wasserschutzgebiete oder aber der eigene Hausgarten eignen sich für die Wildkräuterernte eher. Der Sammler sollte nur seinen „Unkraut-Rupf-Drang" etwas zügeln! Weniger ist auch hier manchmal mehr.

Feldsalat aus dem Garten

Gründlich waschen

Heißes und gründliches Waschen sind ebenso wichtig wie ein rasches Verarbeiten der gesammelten Schätze. Wenn Bedenken gegen eine etwaige Ungezieferbelastung ausgeräumt werden müssen, so wäre mein Rat, die Kräuter kurz zu blanchieren, das heißt für eine Minute in kochendes Wasser tauchen. Die Pflanzensubstanz leidet zwar etwas unter dieser Behandlung, dafür sind aber selbst Fuchsbandwurmgelege unschädlich gemacht. Diese Vorgehensweise entfällt natürlich bei allen gekochten Wildkräutergerichten.

Breitblättrige Endivie

Zuckerhut (links)

Dies und das

Die Sortenvielfalt von Salaten hat in den letzten Jahren enorm zugenommen. Es ist in der Zwischenzeit möglich, eine Blattsalatmischung in vielen Farbnuancen herzustellen. Hellgrün, dunkelgrün, rötlich, rot, gelb und weiß; alles ist machbar dank moderner Züchterarbeit. Wer macht sich da noch Gedanken über die „Ursalatpflanzen"? Feldsalat beispielsweise – der Name sagt dies bereits – war noch bis Mitte dieses Jahrhunderts in vielen Gegenden ein reiner Wildsalat. Man ging auf den Acker oder das Feld, um sich seinen Salat zu stechen, ohne sich Gedanken über seine Aussaat und das Feuchthalten machen zu müssen. Ich bin in der glücklichen Lage, in einer Gegend zu leben, in der es heute wieder möglich ist, Ackersalat frei draußen zu finden. Für diese Delikatesse, die im Aroma mit keinem Anbausalat zu vergleichen ist, bücke ich mich gerne. Eine solche Ernte im zeitigen Frühjahr ist oft mit kalten Fingern und Füßen verbunden, aber es lohnt sich.

Die Salatrauke (*Rucula cultivata*)

In den letzten Jahren wurde auch eine andere alte Pflanze neu entdeckt, die Salatrauke. Mit ihrem etwas scharfen, an Kresse erinnernden Aroma gehört sie zu meinen persönlichen Favoriten in Sachen Salat. Zunächst nur in der italienischen Küche verwendet, wird die Rauke jetzt auch vermehrt in einheimischen Gärten angebaut. Sie ist ein pflegeleichter Schnittsalat und eigentlich das ganze Jahr über zu bekommen. Ich habe ihr einen entsprechenden Platz im Kräutergarten zugeteilt. Der Kräuterküchenfreund möge einmal Salatrauke mit Tomaten und Mozarella-Käse, angemacht mit etwas Meersalz, Aceto balsamico (alter Kräuterweinessig) und Olivenöl, probieren.

Der Sommer

Die späten Maitulpen und der duftende Goldlack blühen im Garten. Auf der Wiese mit ihrem hohen Gras wiegen sich Wiesenkerbel, Margeriten, Glockenblumen, Wiesensalbei und Klatschmohn im warmen Windhauch. Die spätblühenden Obstbäume verlieren ihre Blütenblätter wie Schneeflocken, und in der Rosenhecke entdecke ich die ersten sich öffnenden Knospen. Die Bibernellrose mit blaßgelben, nach Zitrone duftenden und die Hundsrose mit ihren zartrosa Blüten sagen es in der Sprache der Natur: Es ist Sommer!

Kommen Sie herein in meinen Kräuterhexengarten!

Aus dem Hexentagebuch

Es ist Sommer ... ein vielversprechender Musiktitel; der wohlverdiente Jahresurlaub ist in Reichweite. Hochzeiten, Straßenfeste, Garten- und Grillparties, Stechmücken und Freibadbesucher nehmen sprungartig zu.

Für die Kräuterhexe ist es die arbeitsintensivste Zeit des Jahres. Doch den Duft der Rosen und des Waldgeißblatts, des Salbeis und Lavendels genieße ich zwischen Tag und Traum nach vollbrachtem Tagewerk. Jeden Morgen ist ein Rundgang im Kräutergarten angesagt, um festzustellen, welche Kräuter heute erntefähig sind. Salbei, Thymian, Rosmarin, Minzen, Weinraute, Estragon und Wermut müssen vor der Blüte für den Wintervorrat – man höre und staune: Winter! – geerntet werden. Sie haben dann die höchste Wirksamkeit in ihren Blättern. Rosen-, Pfingstrosen- und Lavendelblüten, Kamille, Schafgarbe, Ringel- und Kornblumen und viele andere blühende Kräuter müssen gerade dann geerntet werden, wenn sie am Aufgehen sind. Das ist eine Arbeit, die oft Herzblut kostet. „Wenn's am schönsten ist, muß man gehen", leider, aber später sind die heilbringenden Inhaltsstoffe dahin. Auch die Farben der Blüten verblassen bei später Ernte während des Trocknens zu einem undefinierbaren Wischiwaschi-weiß-beige-braun.

Ich komme über Mittag noch einmal am Garten vorbei und bringe Erntekorb und Messer mit; der Frühtau ist dann abgetrocknet und der Abenddunst schwebt noch nicht sanft über der Erde. Zuvor verbringe ich den Vormittag in meiner Kräuterhexengalerie und stehe meiner Kundschaft in Fragen der Gesundheit und zu Kräutern mit Rat und Tat zur Verfügung. Nebenbei werden noch Tees gemischt und Geschenke für Geburtstage, Hochzeiten und andere Gelegenheiten zusammengestellt und verpackt. Alle Gewerke sind sehr individuell und mit handgeschriebenem Etikett versehen.

Am frühen Nachmittag, nachdem ich aus dem Garten gekommen bin und die Hitze nicht mehr ganz so stark ist, schnüre ich dann meine Hexenschuhe und führe interessierte Gruppen durch meine Kräutergärten und die darum herumliegende nähere Umgebung, um Wildkräuter vor Ort und deren Anwendung zu erläutern.

Am Wochenende möchte eine Braut

ihre Hochzeitsdekoration aus der Hand der Kräuterhexe gemacht haben. Einer guten Freundin zuliebe tut auch eine Hexe alles! Ich muß mich also um das Material kümmern. Im Essenzenregal fehlen Kräuteressig und Hexentrank, die Ringelblumensalbe geht aus sowie die beruhigenden Kräuterkissen. Ich weiß also, daß ich den Abend und die Nacht im Labor bzw. an der Nähmaschine (Kissenstoff nähen!) verbringe. Am Abend – es ist noch hell – werden, bis es dunkel wird, „Wildbegleitkräuter" gerupft, die mir im Garten zuviel sind und nicht benötigt werden. Diese Arbeit wird durch die Duftpflanzen, die rund um mich herum stehen, regelrecht versüßt. Oder doch nicht? Zu welchem Zweck habe ich eigentlich einen Terrassenstuhl mitsamt einem Tisch? Ach ja, um Kräuterbündel zu binden und dabei nicht stehen zu müssen! Ich darf nicht vergessen, diese Bündel anschließend zum Trocknen aufzuhängen.

Wenn ich schon am Tisch sitze, die schriftlichen Anfragen meiner Freunde und Interessenten sollten auch wieder einmal beantwortet werden. Für den nächsten Tag hat sich eine Journalistin angekündigt, die einen Beitrag über Kräuterwaren schreiben möchte. Schon spinnt mir gleichzeitig im Kopf herum, daß ich die darauffolgende Woche einen Drehtermin beim Fernsehen mit dem Thema „Was macht eine Kräuterhexe im Sommer", habe.

Und im Kloster Maulbronn wartet in einer zweiten Kräuterkammer sehr viel Arbeit. Dort, in der sehr schönen Zisterzienser-Anlage und als Weltkulturerbe ausgewiesenem Gut, unterhalte ich einen kleinen Laden, in den sehr viel Publikum und viele Interessenten kommen. Eine halbe Million Klosterbesucher im Jahr; da habe auch ich alle Hände voll zu tun.

Jelängerjelieber verströmt einen zarten Duft an unserem Sommersitzplatz.

Meine Hexenschuhe

Viele meiner Teekräuter trocknen an einem schattigen Plätzchen am Hexenbesen.

Arbeiten im Hexengarten

Eine Arbeit im sommerlichen Hexengarten ist die Ernte der Kräuter und das anschließende Vorbereiten für die Trocknung. Durch das Abschneiden der Pflanzen werden sie gleichzeitig zum Neuaustrieb angeregt. Der Sommer ist, je nach Witterung, lange genug, daß dieser Vorgang mehrmals wiederholt werden kann. Meine Kräuter danken mir diese Behandlung regelrecht mit immer üppiger werdendem Flor. Ab September wird nicht mehr geschnitten, damit die vorhandenen Triebe ausreifen und somit gut über den Winter kommen können. Ich muß an dieser Stelle sagen, daß es sich bei den hier erwähnten Kräuterpflanzen ausschließlich um Stauden handelt, also mehrjährige Heil- und Würzkräutergewächse, die mit den Jahren zu stattlichen Exemplaren heranwachsen. Bei einjährigen Kräutern, das sind jene, die jedes Jahr neu ausgesät werden müssen, ist im Höchstfall ein Rückschnitt möglich.

Ist mein Erntekorb üppig gefüllt, sortiere ich die ganze Pracht und bereite sie, je nach Art der Trocknung, zu Bündeln oder ausgebreiteten Flächen vor. Zum Trocknen vorgesehene Kräuterbündel sollten nicht zu dicht gebunden werden. Für eine flächige Trocknung auf dem Tablett müssen Blüten und Blätter vom Stengel abgezupft werden.

Noch ein ganz wichtiger Hinweis für das Trocknen von Heilkräutern: man vermeide Sonne und Durchzug, denn die Inhaltsstoffe würden dadurch weitestgehend zerstört. Die Küche ist ebenso ein denkbar ungünstiger Platz, da Küchendunst und Wasserdampf den Kräutern und ihren Wirkstoffen mächtig zusetzen.

Auf dem Tablett im Schatten werden Einzelblätter oder kurze Stiele getrocknet.

Von „Un"kräutern und vom Gießen

Sommerarbeit bedeutet auch: Gießen und Unkraut jäten!

Einer Kräuterhexe geht es im Gegensatz zu anderen Gärtnern gut, wenn es sich um die sogenannten lästigen „Un"kräuter handelt, die sich selbst ansiedeln. Sie sind sogar sehr willkommen, da sie oft als Heilpflanzen von Nutzen sind. Obwohl beispielsweise die Ackerwinde ein Abführmittel und der Giersch ein Wildspinat ist, sorge ich sehr gründlich dafür, daß sie mir nicht über den Kopf wachsen. Man sieht, die Kräuterhexe verwendet und jätet die „Un"- bzw. Begleit-Kräuter.

Auch Gießen ist in geringem Umfang nötig. Viele Heil- und Würzkräuter kamen ursprünglich aus dem Mittelmeerbereich oder anderen warmen Ländern zu uns. Sie sind daher von ihrer Veranlagung her Hitze und Trockenheit gewöhnt, ja sie lieben sie geradezu. Wenn diese pflanzlichen Lebenskünstler nun mit zu häufigen Wasser- und Düngergaben versorgt werden, schießen sie zwar ins Kraut, aber die für uns wichtigen Inhaltsstoffe werden nicht genügend ausgebildet, sie verwässern einfach. Ich sehe es meinen Schützlingen an, wenn es sie dürstet. Dieses ist sehr selten, aber eine Tonne mit Regenwasser steht für den Notfall immer bereit.

Weinrauten-Ernte im Hexengarten (ganz links)

Der Sommer ist die Erntezeit vieler Kräuter (links).

Die Pflege der Rosen

Zu den schönsten Arbeiten im sommerlichen Hexengarten gehört die Pflege meiner Rosensträucher. Nach vielen herben Enttäuschungen in der Anlage von Blütenstaudenrabatten zu Beginn meiner „Gärtnerkarriere" habe ich beschlossen, neben meinen Kräutern der Königin der Blumen vermehrt meine Aufmerksamkeit zukommen zu lassen. Bis auf wenige besonders anfällige Zuchtsorten, von welchen ich mich dann schnell wieder getrennt habe, gefällt mein magerer Gartenboden den meisten meiner Rosenschützlinge. Die Pflegearbeiten im Sommer bestehen darin, Verblühtes auszuschneiden, um einen Fruchtansatz zu verhindern. Damit wird eine öfter blühende Rose zu neuem Blütenflor angeregt.

Eventuell auftretende Blattläuse an den Blüten spritze ich nicht tot, sie dienen einem Heer von Marienkäferlarven als Speise. Man muß nur im Stande sein, diesen Blattlauskolonien solange tatenlos zuzuschauen, bis die Larven der Käfer ihre Nahrung entdeckt haben. Dann ist allerdings schnell nichts mehr davon übrig.

Eine besonders gut duftende weiße Rose mit dem Namen 'Heinrich Blanc'

Wichtige Sommerkräuter

Ich möchte Ihnen nun eine Reihe Kräuter vorstellen, die gerade jetzt in den Sommermonaten ihre höchste Wirksamkeit entwickeln und geerntet werden können. Zunächst zwei klassische Frauenkräuter: Schafgarbe *(Achillea millefolium)* und Frauenmantel mit der botanischen Bezeichnung *Alchemilla vulgaris*.

Schafgarbe *(Achillea millefolium)*

Die Schafgarbe, auf Wiesen verbreitet und am Wegesrand vorkommend, wirkt desinfizierend, krampflösend und entzündungslindernd. Ich bin immer wieder erstaunt darüber, wie wenig diese Heilpflanze bekannt ist, obwohl sie wirklich überall anzutreffen ist. „Schafgarb im Leib tut wohl jedem Weib." Dieser alte Spruch verdeutlicht sehr die Wirkung des Krautes. In der Frauenheilkunde wird es bei Regelbeschwerden, Unterleibskrämpfen und bei Magen-Darm-Störungen angewendet. In früheren Zeiten wurden die Zimmer der Wöchnerinnen mit Schafgarbe ausgelegt, um schlechte Dämpfe fernzuhalten, die Mutter und Kind bedrohten. Heute würde man modern von „Raumdesinfektion" sprechen.

Ich verwende Schafgarbentee mit seinem aromatischen und leicht bitteren Geschmack, welcher unangenehmer klingt, als er schmeckt, in Teemischungen gegen Frauenleiden, besonders bei schmerzhafter Regel. Sitzbäder mit Schafgarbe wirken zusätzlich krampflösend. Jedoch auch für die Herren der Schöpfung hatte dieses Kraut in früheren Zeiten heilsame Wirkung:

Teekräutlein Schafgarbe (Achillea millefolium, ganz links), Frauenkräutlein, Frauenmantel (links)

Unten: Wässern muß man im Kräutergarten eher selten.

es wurde als „Hieb- und Stichkraut" zur Wundbehandlung bei kriegerischen Auseinandersetzungen angewendet.

Frauenmantel *(Alchemilla vulgaris)*

Als typisches „Frauenkräutlein" im wahrsten Sinne des Wortes ist das Frauenmantelkraut zu erwähnen. Lange Zeit bei allen Frauenleiden hochgepriesen, dann als unwirksam verschmäht und heute wieder zu neuen Ehren gelangt, stelle ich eine steigende Nachfrage nach diesem Kräutlein fest. Der Name „Frauenmantel" hat seinen Ursprung wohl in der Form der Blätter, die an den Mantel Mariens erinnert.

Die Blätter sind an den Rändern gezähnt und sondern nachts kleine Wassertröpfchen ab, die von der Pflanze selbst produziert werden. Die Tröpfchen sammeln sich in der Blattmitte zum sogenannten Guttationstropfen. In früheren Zeiten wurde ihm Zauberkraft zugesprochen, so daß er sogar in kristallenen Gefäßen aufgefangen wurde. Die Anwendung der Flüssigkeit führte dazu, daß „ältere Weiber in den Zustand der Jungfräulichkeit zurückversetzt" wurden. Wie das wohl vor sich ging . . .?

Ackerschachtelhalm, (Equisetum arvense, *ganz oben) und Wilde Möhre,* (Daucus carota, *oben)*

Ackerschachtelhalm *(Equisetum arvense)*

Bei einem Spaziergang über die sommerlichen Felder trifft man hin und wieder auf größere Ackerflächen, die mit einem merkwürdig aussehenden Kraut überwuchert sind. Nicht Farn und Gras mit quirlständigen, tannenbaumartigen Seitentrieben, die an einen Pferdeschwanz erinnern. Es handelt sich um eine der ältesten Pflanzen überhaupt. Es ist der Ackerschachtelhalm oder auch Zinnkraut genannt. Der lateinische Name *Equisetum* entstand wahrscheinlich aus den beiden Wörtern equus, das Pferd, und setrum, der Schwanz, womit das äußerliche Erscheinungsbild treffend beschrieben ist.

Mit seinen tiefreichenden Wurzelstöcken – ein Alptraum für jeden Gärtner – ist dieses Kraut jedoch von sehr großem gesundheitlichen Nutzen. Bei Nieren- und Harnwegserkrankungen, Tuberkulose, Anämie, Wundgeschwüren und Drüsenschwellungen wird Schachtelhalmtee heute wieder mehr empfohlen. Ich verwende dieses Kraut in meinen Teemischungen auch gegen Gicht und Rheuma, Drüsenerkrankungen und Blasen- und Nierenbeschwerden.

Wilde Möhre *(Daucus carota)*

Betrachten wir noch ein anderes Sommerkraut. Ist Ihnen bekannt, daß die Urgroßmutter unserer heutigen von Säuglingsbeinen an wohlbekannten Möhre in unserer unmittelbaren Umgebung wächst? Bei einem Sommerausflug in die Wiesen der näheren Umgebung sind zuhauf die weißen Doldenblüten der Wilden Möhre zu entdecken. Ungeübte verwechseln sie leicht mit Kerbel und Küm-

Ringelblumen, „meine kleinen Sonnen"

mel, die jetzt auch blühen. Doch die Wilde Möhre hat ein Merkmal, das sie von allen anderen Doldenblütlern auf der Wiese unterscheidet. Sie hat eine dunkelrote Blüte inmitten des Blütenstandes. Für ihre Samen bildet sie aus dem ehemaligen Blütenstand ein „Nest". Wenn man an solch einer Pflanze einmal kräftig zieht, kommt eine kleine, cremefarbene Wurzel in Form einer Möhre zum Vorschein. Wagt der Kräuterfreund dann noch einen herzhaften Biß in dieses Würzelchen, so bin ich sicher, daß seine nächste Suppe mit wilden Möhren anstatt einer Karotte aufgesetzt wird.

Jetzt im Sommer ist das Angebot an Blumen und Rosen auf den Wochenmärkten groß und sehr günstig. Denken Sie jetzt an Ihre Trockendekoration im Herbst und Winter. Rosensträuße z. B. sind jetzt billig und üppig, und die Qualität der Rosen läßt eine Trocknung zu. Gönnen Sie sich den Luxus, und kaufen Sie Rosen bundweise zum Trocknen.

Echtes Labkraut (*Galium verum*)

Verführerischer Honigduft und goldgelbe Blütenrispen, dem Schleierkraut ähnelnd, führen uns zum nächsten Sommergewächs. Das Echte Labkraut, *Galium verum,* wächst in heckenreichen, warmen Trockenrasengesellschaften, wie ich sie in meiner Sandsteinhügellandschaft des zum Kraichgau hin abfallenden Strombergs häufig vorfinde. Labkräuter stellen eine große Familie, die – wie der Name schon sagt – Milch zum Gerinnen bringen und – wie genial! – auch gleichzeitig zum Färben geeignet sind. Labkräuter sind also auch Färbekräuter, wobei beim Echten Labkraut mit den Wurzeln rot und mit den Blüten gelb gefärbt wird. Ich verwende es unter anderem, um Eier zu färben. Als Blasen- und Nierentee verschafft es andererseits Linderung bei Infekten an diesen beiden Organen.

Erdrauch (*Fumaria officinalis*)

In Weinbergnähe habe ich vor längerer Zeit ein Kraut entdeckt, das mir bis dahin völlig fremd war. Ich wurde durch seine filigrane Gestalt darauf aufmerksam. *Fumaria officinalis*, so der botanische Name, klingt schon ziemlich rauchig. Die deutsche Bezeichnung ist Erdrauch. Nach altem Glauben aus der Erde entstanden, handelt es sich hierbei um ein Kraut mit reinigenden Eigenschaften. Als leichtes Abführmittel erfüllt es außerdem eine regulierende Aufgabe, wirkt auf die Galle und hilft bei Gallenkoliken und -schmerzen. Äußerlich angewandt, dient Erdrauch zur Behandlung von Ekzemen und Milchschorf bei Kleinkindern. Pur getrunken, entwickelt er bei Anwendung von mehr als acht Tagen schlafmittelähnliche Wirkung.

Ringelblume (*Calendula officinalis*)

Der Kräuterhexensommer ist ohne die kleinen Sonnen im Kräuterbeet unvollkommen. Mit den Gewächsen dieser von mir gewählten Bezeichnung, die neben Lavendel und Ysop noch mehr als sonst zu leuchten scheinen, meine ich nichts anderes als meine geliebten Ringelblumen. *Calendula officinalis* gehört zu den uralten Heilpflanzen und wuchs früher in allen Gärten. Ihre Verwendung als Salbe bei Wunden und gegen Entzündungen hat in den letzten Jahren wieder enorm an Bedeutung gewonnen. Auch Ringelblumentee – es werden nur die Blüten dazu geerntet – wird mit seiner krampflösenden und blutreinigenden Wirkung mehr und mehr geschätzt. Die getrockneten Kronblätter stellen darüber hinaus eine schöne Schmuckdroge in Potpourris und Teemischungen dar.

Echtes Labkraut (Galium verum, *unten) und Erdrauch* (Fumaria officinalis) *mit rosalila Blütchen in der Mitte des Bildes (ganz unten)*

Basilikum *(Ocimum basilicum)*

Basilikum, auch Königskraut, Suppenbasil, Nelkenbasilie und Krampfkräutel genannt, ist ein wertvolles Kräutlein. Das sehr wärmebedürftige und witterungsempfindliche Kraut gibt es inzwischen zwar auch in abgehärteter Form als Gartenpflanze, nach meinen eigenen Erfahrungen ist aber dennoch eine besondere Pflege sinnvoll. Zunächst wird Basilikum auf der warmen Fensterbank vorgezogen und erst in der zweiten Maihälfte nach draußen gebracht. Ich schreibe bewußt nicht „ins Beet gepflanzt" aus dem einfachen Grund heraus, da es sich bei Basilikum um ein hervorragendes Schneckenfutter handelt. Die Mühe der frühen Anzucht kann in einer Nacht schnell zunichte gemacht werden. Außerdem genügen ein bis zwei kühle und feuchte Tage, und lediglich die schwarzbraunen Fragmente einstiger Basilikumpracht ragen noch aus den Beeten hervor.

Basilikum gibt es in verschiedenen Sorten.

Bei der Kräuterhexe gibt es Basilikum deshalb nur in Töpfen. In einem Topf von ca. 12 cm Durchmesser können gut drei bis vier Pflanzen untergebracht werden. Die Töpfe stelle ich auf der Südseite geschützt vor Wind, Wetter und Schnecken nach draußen. So kann ich immer den wärmsten Platz aussuchen, und bei zweifelhafter Wetterlage sind die Töpfe schnell hinter die rettende Fensterscheibe gebracht.

Wer gerne experimentiert und Enttäuschungen gut verkraftet, kann es auch einmal mit buntlaubigen Basilikumarten versuchen. Erwähnt sei noch, daß Basilikumtee hervorragend gegen Blähungen, schwachen Magen und Appetitmangel hilft. Mit Kompressen rückt man Hautkrankheiten zu Leibe.

Johanniskraut *(Hypericum perforatum)*

Als echtes Zauberkraut des Sommers ist das Johanniskraut auch heute noch anzusehen. Dieses goldgelbblühende Kraut der Sommersonnenwende darf in meinem Teeregal nie ausgehen. Immer mehr streßgeplagte, psychisch erschöpfte und sich nervlich am Ende fühlende Menschen jeden Alters, ja sogar Kinder, suchen und finden in der nervenberuhigenden Wirkung Heilung oder zumindest eine Besserung ihrer Beschwerden. Auch leichte Formen der Depression können behandelt werden. Das heilbringende „durchbohrte" Johanniskraut erkennt man sehr gut, wenn man ein Blatt gegen das Licht hält. Man sieht dann die „Nadel-

*T*üpfel-*Johanniskraut* (Hypericum perforatum, *ganz links) und Lavendel* (Lavandula angustifolium, *links)*

stiche des Teufels". Sie sind allerdings nichts anderes als helle Öldrüsen der Pflanze, die man vielsagend auch „Teufelsflucht" nennt und damit die Zauberkraft verdeutlicht, um damit den Teufel vertreiben zu können.

Als Hausmedizin vertrieb das Johanniskraut in Form eines Bauchwehschnapses die bösen Geister einer Magenverstimmung. Seine erhellende Wirkung auf die Psyche wurde früher der in den Blüten gespeicherten Sonnenenergie zugeschrieben, heute kennt man den Wirkstoff. Es ist das rote Hypericin. Dieses verleiht dem sehr wertvollen Johanniskrautöl seine tiefrote Farbe. Als Massageöl bei Rheuma- und Nervenschmerzen wirkt es ebensogut wie als Mittel der Erste-Hilfe-Behandlung bei Sonnenbrand, kleinen Verbrennungen oder leichten Verletzungen.

Lavendel *(Lavandula officinalis)*

Lavendel ist ein sehr bekannter und geliebter Sommerduft, ein Aroma, das aus der Kosmetikindustrie nicht mehr wegzudenken ist, vermittelt er doch Sauberkeit und Frische. Uralt . . ., wurde er doch in der Tat schon in frühen Zeiten bei Reinigungszeremonien verwendet. Die alten Römer badeten in Lavendelwasser. Hieraus läßt sich der Name ableiten: „lavare" bedeutet waschen.

Als Duftsäckchen mit mottenabweisender Wirkung ist Lavendel heutzutage wieder sehr gefragt. Die wenigsten Menschen aber kennen noch die Heilwirkung eines Lavendeltees. Ähnlich dem Johanniskraut wirkt Lavendel gegen innere Unruhe und blankliegende Nerven und ist ebenso heilsam bei Kopfschmerzen. Es ist wichtiger Mischungsbestandteil meines vielgepriesenen Migränetees. Lavendel, als Kompresse angewendet, wirkt gegen Hautunreinheiten, die Herstellung zu Öl – die Basis ist Olivenöl – oder mit Honig zu einem delikaten Süßen verarbeitet zeigen die große Vielfalt der Lavendelzubereitungsmöglichkeiten.

Probieren Sie einmal die Apfelminze, wenn Sie sie irgendwo bekommen.

Eine unserer heimischen Wildrosen: die Essigrose (Rosa gallica 'Complicata')

Essigrose *(Rosa gallica)*

Die Essigrose, auch Apothekerrose, eine der ältesten Gartenrosen, die seit jeher in Küche, Medizin und Kosmetik genutzt wurde. Rosenhonig, Rosenblütenkuchen, -marmeladen, -wein und -konfekt sowie -puder und -öl waren früher sehr beliebte Rezepturen. Allesamt wurden sie aus den Rosenblüten hergestellt.

Ich möchte noch eine weitere Verwendung der Rosen ansprechen beziehungsweise deren Früchte, der Hagebutten. Auf meiner Terrasse hat sich ein Riesenexemplar einer wilden Heckenrose (oder Hundsrose) angesiedelt und feiert trotz starkem Rückschnitt jährlich ein grandioses Comeback. Sehr vital, die Dame, und das verstärkt, seit sich noch eine Kollegin mit dem Namen Bibernellrose neben sie gesellt hat. Diese führt mit ihren blaßgelben Blüten den Reigen bereits Ende April an, danach kommt auch die rosa blühende Heckenrose auf Touren. Alle Blüten halten nur einen Tag und – das ist erstaunlich – erst im September kommt die ganze Pracht dieser beiden voll zum Vorschein. Hagebutte um Hagebutte ziert die Sträucher. Frau Heckenrose trägt sattes Rot und Frau Bibernell tiefes Schwarz als Fruchtschmuck.

Hagebutten dienen schon seit Jahrtausenden als Wildfrüchte. Sie besitzen einen hohen Vitamin-C-Gehalt und mobilisieren dadurch Körperabwehrkräfte gegen Erkältung, Grippe, Skorbut und Ruhr. Grundsätzlich sind alle Hagebuttensorten verwendbar.

Seit Tausenden von Jahren – das beweisen Schriften und Funde – ist die Rose mit den Begriffen Liebe und Leben verbunden, zwei Themen, die gerade im Sommer von besonderem Interesse sind. Ein Liebestee oder -trank ohne Rosenzugabe ist schlecht vorstellbar.

Wenn Rosen nicht helfen, der Kenner wird es bestätigen können, nimmt man sommers als Alternative ein noch viel effektiveres „Kräutlein des Glücks", wenn dieses auch den meisten „Interessenten" in dieser Funktion unbekannt ist: das Bohnenkraut, so verblüffend es auch klingen mag.

Bohnenkraut *(Satureja)*

In unseren Gärten wachsen zwei Arten des Bohnenkrautes: das einjährige Sommerbohnenkraut *(Satureja hortensis)* und das mehrjährige Bergbohnenkraut *(Satureja montana)*. Beide Arten haben die gleiche medizinische Wirkung, sie sind blähungstreibend und verdauungsfördernd, speziell nach dem Verzehr von Hülsenfrüchten und anderen „deftigen" Gerichten. Den Duft und Geschmack der Bohnenkräuter liebe ich ganz besonders und könnte mich das ganze Jahr über damit umgeben.

Der Name „Satureja" stammt übrigens vom lateinischen „satyrus" ab, womit die Wirkung als Aphrodisiakum von alters her verdeutlicht werden soll.

Weinraute *(Ruta graveolens)*

Manchmal werde ich jedoch auch nach einem Antaphrodisiakum gefragt. Dann empfehle ich die Weinraute. Sie ist neben Wermut eines der bittersten Kräuter, die nördlich der Alpen wachsen. Weinraute wirkt durch ihre Bitterstoffe krampflösend und auch im obigen Fall sehr beruhigend. Durch ihre appetitanregende Wirkung wird sie gerne in Grappa angesetzt, um sie dann als Aperitif servieren zu können. In großen Mengen allerdings ist „Ruta" giftig und sollte deshalb auch in der Küche nur sehr sparsam verwendet werden.

Ein Beruhigungstee aus Baldrian, Melisse, Hopfen, Weißdorn und einer Prise jener Weinraute, mit Waldmeister und Mönchspfeffer gewürzt, kann bei längerem Gebrauch durchaus heilbringend in dem oben erwähnten Problemfall angewendet werden. Mit typisch italienischen Gerichten, wie beispielsweise mit Oregano gewürzten Spaghetti, Pizza oder Tomatensalaten, kann „dem Besessenen zudem noch der Teufel ausgetrieben werden".

Ein „entblähendes" Kräutlein: das Bergbohnenkraut (Satureja montana)

Dost oder Oregano (Origanum vulgare, *ganz links) und die Weinraute* (Ruta graveolens, *links)*

Meine Kräuterwanderungen

M*eine Kräuterwanderungen dauern etwa zwei Stunden.*

Von Ende April bis in den September hinein habe ich als Kräuterhexe zusätzlich zu meinen üblichen Hexentätigkeiten einen sehr mit Buchungen ausgefüllten Terminkalender zu bewältigen, denn nur im Frühjahr und Sommer ist es möglich, Kräuterwanderungen durchzuführen. Immer mehr Menschen interessieren sich offensichtlich für das Kräutlein am Wegesrand, wie es heißt und wofür es gut (oder schlecht) ist.

Ich denke noch oft daran zurück, wie ich vor Jahren aus einer Urlaubslaune heraus auf die Idee gekommen bin, Kräuterwanderungen durchzuführen. Auf vielen Spaziergängen rund um den Ort habe ich als Kräutersachverständige von Hobby und Berufs wegen sehr wohl die Vielfalt der hiesigen Flora erkannt und auch erforscht. Nach der Teilnahme an einer sehr enttäuschenden Veranstaltung dieser Art in Österreich beschloß ich dann, heimgekehrt und voller Tatendrang, es mit diesen Exkursionen selbst zu probieren. Es kamen tatsächlich Leute, um daran teilzunehmen, obwohl ich in meiner Umgebung wegen meiner Idee mitleidig belächelt wurde. Das gab mir Mut und Motivation. Das Lächeln ist allen Kritikern dann ganz schnell vergangen, als sich herausstellte, daß es bei mir und meinen Veranstaltungen immer „voller" wurde.

Und noch etwas stellte sich sofort zu Beginn dieser neuen Tätigkeit heraus: ich bin die Kräuterhexe! Diese Bezeichnung wurde immer wieder von meinen Besuchern gebraucht, schließlich habe ich es selbst geglaubt und mich dann schleunigst mit meinen Vorgängerinnen der vergangenen Jahrhunderte befaßt. Um mein Leben brauche ich heute nicht mehr zu fürchten, höchstens vor übler Nachrede, aber ansonsten erfülle ich die Aufgaben einer guten Kräuterhexe im zwanzigsten Jahrhundert genau so wie die alten Kräuterweiber des ausgehenden Mittelalters und der beginnenden Neuzeit. Einen Unterschied zu diesen gibt es vielleicht: sie wußten noch viel mehr aus dem Bereich der alternativen Medi-

A*usbeute einer Kräuterwanderung*

zin. Wendeten wir heute dieses Wissen mehr und konsequenter an, würden wir mit Sicherheit besser und gesünder daherkommen. Leider ist dieses Gedankengut verloren, denn die Kräuterhexen von damals nahmen ihre Geheimnisse mit in die Folterkammern und auf die Scheiterhaufen.

Überliefertes Wissen und moderne Forschung

Ich versuche heute das überlieferte Wissen in Abstimmung mit den Erkenntnissen der modernen Forschung meinen Exkursions- und Seminarteilnehmern auf einem zirka zwei Stunden dauernden Rundgang durch Kräutergärten und die Natur näher zu bringen. Heil-, Würz- und Duftkräuter im Gartenanbau werden genauso besprochen wie Kräuter am natürlichen Standort im Feld, Wald und auf der Wiese. Je kleiner die Gruppe ist, es sollten aber mindestens zehn Personen sein, damit eine rege Diskussion stattfinden kann, desto intensiver ist eine solche Führung. Die Anzahl der erfragten „Löcher im Bauch" ist auf diese Weise am höchsten, besonders dann, wenn es sich bei den Teilnehmern um Heilpraktiker-Studenten handelt.

Kräuter faszinieren

Daß es mir gelingt, auch Neulinge in Sachen Kräuter zu faszinieren, erkenne ich an den interessierten Gesichtern meiner Zuhörer, von welchen sich bisher noch keiner gähnend abgewendet hat. Sogenannte „Stammkunden", die jede Wanderung, die sie mitmachen mit Freude und Interesse genießen, liefern mir einen kleinen Beweis auch für die Notwendigkeit, diese Veranstaltungen abzuhalten. Ein großes Anliegen meinerseits ist die praxisnahe Gestaltung der Exkursionen, die aufgrund ihrer Materie sehr schnell in akademische Diskussionen abrutschen können. Doch damit ist einem Laien nicht gedient, und deshalb behalte ich botanische Namen und Ausdrücke sowie komplizierte Pflanzeninhaltsstoffe überwiegend für mich.

Spitzwegerich (Plantago lanceolata)

Unsere Nachbarin mit Bauchkoliken oder den Kollegen mit Husten und Halsweh interessieren es nicht oder nur sehr selten, daß Schafgarbe *Achillea millefolium* heißt, und als behaarte, stark duftende Staude in den gemäßigten Teilen Europas wächst, einen aufrechten, gefurchten Stengel und flaschengrüne zwei- bis dreifachgefiederte und lanzettenartige Blätter besitzt sowie weiße, rosa und lila überlaufenen Blüten, die sich, doldig angeordnet, an den Zweigenden der oberen Stengelteile befinden. Auch die Inhaltsstoffe wie Chamazulen, Achillin, Cholin, Valeriansäure, Ameisensäure, Methylalkohol, Flavone und Gerbstoffe sind weniger von Interesse, eher die Zubereitung eines hilfreichen Schafgarbentees oder die eines Sitzbades zur Schmerzlinderung. Diese lernt man bei der Kräuterhexe!

Aus Hexenküche und -labor: Sommerrezepte

Kräuteressig und Kräuteröl nach Hexenmanier (rechts)

Jetzt im Sommer, wenn alle Kräuter in Saft und Kraft stehen, ist der richtige Zeitpunkt gekommen, an den Winter zu denken. Das klingt zwar etwas befremdend, obwohl sich so mancher Zeitgenosse bei 30 Grad im Schatten eine Abkühlung in Form von Schnee herbeiwünscht, in diesem Zusammenhang meine ich jedoch, daß nun Vorräte angeschafft werden müssen. Öle, Essige und alkoholische Essenzen sowie deren Zutaten sind zu besorgen. Nur jetzt ist es möglich, den Sommer mit seinen vielfältigen Düften und Aromen in Form von konservierten Frischkräutern in den Winter hinüberzuretten. Frische, duftende Kräuter, wie Salbei, Rosmarin, Thymian, Liebstöckel, Ysop, Bohnenkraut, Dill und Estragon, um nur eine kleine Auswahl zu nennen, ernte ich jetzt täglich, um sie dann sofort zu Kräuteressigen, -ölen, -likören, -weinen und -schnäpsen zu verarbeiten.

Nach dem Sammeln bis zum Verarbeiten stelle ich die Wildkräuter ins Wasser.

Das besondere Aroma eines Frischkrautes ist mit dem aus einer getrockneten Variante selten zu vergleichen. Es gibt wenige Ausnahmen, wie Waldmeister, Beifuß und Oregano, die ihre speziellen Würzstoffe erst durch den Trocknungsprozeß entstehen lassen.

Der richtige Erntezeitpunkt

Die tägliche Ernte muß bei regnerischer Witterung allerdings ausfallen, denn nur an trockenen Tagen und meistens am frühen Mittag besitzen meine Kräuter ihre höchste Wirkung und Würzkraft. Darauf lege ich hohen Wert, denn ein verwässertes Kraut läßt sich – wenn eingelegt – geschmacklich nur sehr schwach ausmachen.

Auch der erste trockene Tag nach einer Regenperiode ist zum Ernten ungeeignet, obwohl die Euphorie mancher Kräutergärtner dann schwer zu bremsen ist. Eine erfahrene Kräuterhexe lehnt sich noch zwei Tage zurück, bis sie Erntekorb und Messer wieder in die Hand nimmt. Das hat weniger mit Faulheit zu tun, als vielmehr

Ysop (Hyssopus officinalis, *links*)

mit richtigem Handeln. Die nach Regentagen angestaute Luft- und Bodenfeuchtigkeit hält sich noch bis zu drei Tagen, bis sie endgültig verdunstet ist. Diese Feuchtigkeit müßte im Falle zu früher Ernte demnach zusätzlich weggetrocknet werden und daher zu viel zu langen Trocknungszeiten führen, die dann wiederum Inhaltsstoffe kosten würden. Aber auch bei der Frischverarbeitung ist die Restfeuchte oft noch zu groß, was sich durch ein schwaches Aroma bemerkbar macht.

Weitere Behandlung der Kräuter

Das weitere Vorgehen in der Verarbeitung der gesammelten Schätze unterscheidet sich wesentlich zu der bereits besprochenen Verwendung in der Küche. Nachdem ich eben versucht habe, die Zusammenhänge von Feuchtigkeit und Aroma zu verdeutlichen, verstehen Sie von selbst, daß ich Kräuter für diese Art der Verarbeitung nicht (!) wasche. Immer wieder treffen mich deshalb entsetzte Blicke. „Aber der ganze Dreck!“, gellt es durch die Landschaft. „... der rieselt beim Trocknen von selbst heraus“, versuche ich sie zu beruhigen. Immer noch zweifelnde Blicke sagen mir, daß man mit dieser Aussage noch lange nicht zufrieden ist.

Für diese Zweifler habe ich da einen Extra-Tip: Man dusche seine Kräuter mit der Gießkanne am Stock und lasse so die gereinigten Exemplare an der Luft zwei Tage lang trocknen und ernte sie dann. Noch anhaftender Sand kann leicht abgeklopft werden. Für die Essighersteller ein weiterer Rat, wenn es schnell gehen muß. Kurz waschen und nach Bewohnern absuchen, die ansonsten im Essig herumschwimmen würden, zwar unschädlich sind, aber optisch nicht gerade einladend aussehen. Anschließend trockne man die Kräuter in einer Salatschleuder. Im Kasten (unten) habe ich eine ganz spezielle Mischung notiert. Dieser Liebestee hilft bei Problemen körperlicher Art in einer Partnerbeziehung. Sie kennen vielleicht den Spruch: „Der Geist ist willig, aber das Fleisch ist schwach.“ Probieren Sie diese Teemischung, und für das seelische Gleichgewicht ist auch gesorgt.

Liebestee

Dieser Tee wird im Bedarfsfall 40 Tage lang morgens und abends getrunken.
Man benötigt:
60 g Bohnenkraut, 20 g Rosmarin, 20 g Minze (Orangen- oder Apfelminze), 20 g Wildorangenknospen und pro Tasse zwei Rosenknospen hinzufügen.
Man überbrüht von dieser Mischung pro Tasse einen Eßlöffel voll mit kochendem Wasser, läßt fünf Minuten ziehen, seiht ab und trinkt diesen Tee mit einem Teelöffel Rosenzucker gesüßt.

Kalte Grüne Soße (Salsa verde)

Die Herstellung einer kalten Grünen Soße (Salsa verde), um sie zu gekochtem Fleisch oder Gemüse – ob warm oder kalt – reichen zu können, ist ein lohnendes Sommerrezept. Die leichte Küche ist gerade jetzt gefragt. Ob man nun das Fleisch oder Gemüse warm oder kalt genießen möchte, sei jedem selbst überlassen, diese Soße schmeckt immer dazu.

Zunächst lege ich mir die Zutaten zurecht. Es sind alles frische Kräuter (ein großer Bund) aus dem Garten, selbst die Knoblauchrauke brauche ich nicht in der Landschaft zu suchen, denn sie kam von selbst in mein Beet. Weitere Bestandteile sind: eine Scheibe Toastbrot ohne Rinde, etwas Salz, ein Eßlöffel Essig, zwei Eßlöffel Kapern, zirka eine halbe Tasse bestes Olivenöl, zwei hartgekochte Eier, zwei Knoblauchzehen und eine halbe Tasse kalte Fleisch- oder Gemüsebrühe.

Im ersten Arbeitsgang wird das Toastbrot mit Olivenöl getränkt und eingeweicht. In dieser Zeit wiege ich die Kräuter möglichst fein. Das Arbeiten mit dem Wiegemesser setzt allerdings etwas Übung voraus, dann klappt es aber recht gut. Mit

Herstellung meiner „Kalten Grünen Soße“
1. Alle Zutaten (ganz oben)
2. Toast in Öl tränken (oben)
3. Kräuter fein wiegen (rechts)
4. Eigelb herausnehmen (ganz rechts)

einer Gabel zerdrücke ich das Brot und gebe noch die Hälfte der Brühe dazu. Auf diese Weise entsteht eine Art Brei. Nun werden die gewiegten Kräuter, das restliche Öl, Essig, Kapern, Senf und die zerdrückten Knoblauchzehen sowie nach einer Geschmacksprobe etwas Salz dazugegeben und mit dem Brotbrei vermischt. Den Rest Brühe dazugeben, das macht das Ganze sämig. Die Soße sollte jetzt eine cremig-feste Konsistenz aufweisen. Zum Schluß werden die gekochten Eier gehackt und untergehoben, wobei Eigelb und Eiweiß getrennt eingearbeitet werden.

Diese Art, eine „Grüne Soße" herzustellen, ist natürlich das ganze Jahr über möglich, wenn auch je nach Jahreszeit mit vermindertem Kräuteranteil. Jetzt im Sommer können wir aber aus dem Vollen schöpfen. Sogar auf Märkten und in Supermärkten ist es möglich, Pimpinelle, Basilikum, Estragon, Borretsch, Kerbel und Rauke zu bekommen. Auf Petersilie, Kresse, Feldsalat und Kapern reduziert, schmeckt diese Soße auch im Winter noch ganz passabel und kann den Speiseplan bereichern.

5. Toast zerdrücken (ganz links)
6. Kräuter und alle übrigen Zutaten mit Ausnahme des Eies dazumischen (links)
7. Mit Salz abschmecken, danach die gehackten Eier dazugeben (ganz oben)
8. Mit frischen Kräutern garnieren – fertig (oben)

Das Aroma der Walderdbeeren wird von keiner unserer Erdbeersorten erreicht.

Dinkelwaffeln mit Sommerbeerensahne

Was wären die Genüsse des Sommers ohne Beeren? Für den Gartenanbau sind viele Sorten der Erd- und Himbeeren gezüchtet worden. Es gibt Unterschiede in der Größe, der Farbe, dem Aroma und in der Resistenz gegen berühmt-berüchtigte Pflanzenkrankheiten. Dies sind alles Faktoren, die unsere Wildfrüchte nicht im geringsten interessieren. Walderdbeere und wilde Himbeere gedeihen eben nur an optimalen Standorten und sind eben sonst nicht zu finden. Auch was das Aroma betrifft, wird immer Maximales geboten, es sei denn, die Witterung macht nicht mit. Die Ernte freilich ist dafür wesentlich aufwendiger.

Die süße Walderdbeere, *Fragaria vesca,* war im Mittelalter eine Zauberpflanze und wurde bei Leber-, Nieren-, Milz- und Blasenleiden, ferner zur Heilung von offenen Wunden, Geschwüren, Infektionen, Koliken und Ruhr angewendet. Heute wird sie darüber hinaus zur Behandlung von Anämie, Leber- und Nierenkrankheiten sowie gegen Gicht und Rheuma empfohlen. Eine sehr schmackhafte Medizin, meine ich. Die Blätter der Walderdbeere ergeben einen wohlschmeckenden Kräutertee, auch für Kinder.

Von der Himbeere, *Rubus idaeus,* wird in der Heilkunde Blatt und Frucht geschätzt. Ihre Früchte werden zu Marmeladen, Gelees, Sirup und Essig verarbeitet. Sie schmecken nicht nur lecker, sondern wirken kühlend und durstlöschend bei Grippe und Fieber. Wasserverdünnter Sirup stellt durchaus eine Alternative zu sonstigen Limonaden dar. Himbeerblätter wirken zusammenziehend und abschwellend und sind daher zur Wundbehandlung und zum Gurgeln zu empfehlen. Für Kinder ergeben sie einen Tee gegen Erkältung und Mandelentzündung. In der Geburtshilfe schätzt man die kräftigende und anregende Wirkung auf die Muskeln. In der Nachsorge werden Gebärmutter und Scheide durch Anwendung der Himbeerblätter wieder gefestigt.

DAS REZEPT

Dinkelwaffeln mit Sommerbeerensahne: Für die Waffeln werden 125 g Fett, 50 g Zucker (Rohrzucker), 2 Eier und ein Päckchen Vanillezucker schaumig geschlagen. 250 g gesiebtes Dinkelmehl, vermischt mit 1 Teel. Backpulver, werden dazugegeben und verrührt. Zum Schluß 1/4 l Milch einrühren und den Teig portionsweise im Herzwaffeleisen ausbacken. Für die Sommerbeerensahne frische Erdbeeren und Himbeeren (zusammen ca. 250 g) waschen und trockentupfen. Im Mixer kurz pürieren und unter einen Becher steifgeschlagene Sahne heben. Nach Geschmack süßen. Auf jedes Waffelherz einen Klecks Sahne geben und mit Puderzucker bestäuben. Fertig.

Eine besondere Spezialität meiner Hexenküche: Waffeln mit Walderdbeerquark

Alkoholische Köstlichkeiten

Das Brauen von Zaubertränken ist auch in der heutigen Zeit immer noch ein ganz besonderes Hexenthema. Jetzt im Sommer entstehen meine Schätze für das Spätjahr und den Winter. Die Bestandteile dieses Gebräus sind Kräuter, Blüten, Früchte und Wurzeln, die in Alkohol ausgezogen werden. Zucker wird nur manchen Tränken zugesetzt, da er nicht für jede Rezeptur geeignet ist, die der Gesundheit dienen soll.

Wichtige Kräuter für einen Magenbitter sind Bitterkräuter, wie Wermut, Weinraute, Enzianwurzel und Tausendgüldenkraut. Nicht zu vergessen sind Großvaters Blutwurzel und Engelwurz. Blutwurzel darf heute übrigens nicht mehr „gewildert" werden – genauso Enzian und Tausendgüldenkraut. Sie steht unter Naturschutz, da sie in einigen Gegenden bereits ausgestorben ist.

Früher litten die Menschen offensichtlich sehr viel unter Bauchweh, welchem man mit Blutwurzelschnaps zuleibe rücken mußte. Blutwurzel wird heute in Kulturen angebaut und geerntet, um auch so noch ein Mittel gegen dieses oft schmerzhafte Unwohlsein schaffen zu können. In einem solchen „gesunden" Trank hat Zucker natürlich keinen Platz. Um die Sache etwas erträglicher zu gestalten, gebe ich noch einige Geschmacksverbesserer in Form von Minzen, Kardamomkapseln, Anis, Fenchel und Ingwer hinzu. Nun ist es nicht zu süffig, denn es handelt sich ja eigentlich um eine Art Arznei, und so sollte man auch damit umgehen. Auf diese Art und Weise entstehen dann ebenso der berühmte

Mein Hexentraum-Likör nach streng gehütetem Hexengeheimnis aus Rosen, Akazienhonig, Himbeeren, Erdbeeren, Vanille und frischen Blättern des Wohlriechenden Eisenkrautes (Verbene)

BAUCHWEH-SCHNAPS

Für einen Bauchwehschnaps nimmt man 20 g getrocknete Blutwurzel, 10 g Kardamomkapseln, 10 g Angelikawurzeln und 10 g Anis, gestoßen. Diese Mischung gibt man in eine 1-l-Flasche und übergießt alles mit ca. 1 l Obstschnaps oder Doppelkorn. Nach 14 Tagen im Hellen ist der Auszug beendet, und der Blutwurzelschnaps kann abfiltriert und getrunken werden.
Besonders wirksam ohne Zucker bei Magenverstimmungen und Durchfall.

ERDBEER-MINZE-LIKÖR

Ein Erdbeer-Minze-Likör entsteht aus 100 g halbierten Erdbeeren und 3 bis 5 Stengeln Minze (Apfelminze schmeckt am besten). Beides wird in ein ausreichend großes Weithalsglas gegeben und mit 1 l Obstschnaps aufgegossen. Nach 14 Tagen abseihen und die Flüssigkeit erst jetzt mit 4 Eßl. Akazienhonig mischen. In eine schöne Karaffe füllen und vier Wochen nachreifen lassen. Ein Sommergenuß.

Meine Spezialität:
Rosen-Likör

In meinem kleinen Wasserbecken lasse ich sommers gerne Duftrosen zwischen Schwimmsteinen schwimmen.

Diese Duftpfingstrose habe ich seit vielen Jahren bei mir im Garten. Ich kann sie jedem nur empfehlen.

Hexentrank aus Wermut und Weinraute sowie Löwenzahn-, Schafgarben-, Fenchel-, Minzenschnaps und Weißdorn-Rosmarin-Trank.

Oft sind auch Tränke für den gesunden Menschen gefragt. Zu diesen zählen alle Liköre, obwohl sie auch einen gesundheitlichen Nutzen erfüllen können. Schon die Farben dieser Köstlichkeiten bieten einen Anreiz zum Probieren. Rottöne entstehen bei allen Likören mit Sommerbeeren. Das helle Rot eines Erdbeer-Minze-Likörs steht im Kontrast zum Dunkelrot bis Violett von Brombeer-Sherry. Zwischentöne findet man vielfältig bis hin zum goldbraunen Schimmer des Mirabellen-Basilikum-Rosen-Likörs.

Herrliche Sommerdüfte

Wer kennt den Duft der frischgepflückten Damaszener Rose, altmodischer Moosrosen oder gefüllten spätblühenden Pfingstrosen? Oder wer hat auch als stolzer Besitzer von Duftgeranien der verschiedensten Nuancen deren Aroma genossen? Tolle Düfte! Wie immer Ihre persönlichen Dufterlebnisse stattgefunden haben, in einem Punkt werden Sie mir recht geben: Düfte sollte man festhalten können! In gewissem Rahmen ist es möglich, Düfte für längere Zeit zu konservieren, aber irgendwann ist auch diese Pracht einfach verduftet.

Schöne duftende Potpourris

Bei Potpourris handelt es sich um nichts anderes als Duftmischungen aus verschiedenen Pflanzenteilen mit einem hohen Gehalt an ätherischen Ölen. Eine „alte" Neuentdeckung, die breits im vorigen Jahrhundert große Mode war. Die Pompons der vornehmen Damen in der damaligen Zeit wurden mit einer Duftpflanzenmischung halb gefüllt. Das sich darüber befindliche Taschentuch nahm den Duft an. Um sich vor unangenehmen Attacken auf das Riechorgan erfolgreich zu schützen, brauchte man nur sein Taschentuch zu zücken und vor die Nase zu halten. Eine sehr diskrete Methode. Solche Duftmischungen herzustellen, gehört auch heute wieder zur Arbeit der Kräuterhexe. Zitronenfrisch, männlich herb, blumig süßlich, lavendelfrisch, rosig, würzig oder weihnachtlich sind nicht nur die Duftmischungen in der Parfümindustrie, sondern auch die Geschmacksanforderungen an die Produkte der Kräuterhexe.

Meine blaue Mischung beispielsweise besteht aus Lavendel, blauer Malve, Kornblumenblüten, römischer Kamille, Zitronengras und Verbene. Die „rosa liebliche" Mischung aus Rosen-, Hibiskus-, Jasmin-, Orangen-, Veilchen-, Lindenblüten- und, daß es nicht ganz so lieblich wird, dem Zitronengras ist ein gern genommenes Potpourri. Eine „Zitronenmischung" besteht aus Ringelblumenblüten, Zitronenschalen, Zitronengras, Verbene, Orangen- und Königskerzenblüten sowie einigen Gewürznelken. Allen Pflanzenpotpourris gibt man ein bis zwei Eßlöffel gemahlene Veilchenwurzel (Apotheke) als „Duftfixier" dazu.

Aus wirtschaftlichen Gründen werden in den industriell hergestellten Potpourris der Masse und Farben wegen oft gefärbte Pflanzen oder gar Holzspäne zugesetzt, welche darüber hinaus noch mit synthetischen Parfümölen getränkt sind. Wie angenehm erscheinen da doch die sanften, wenn auch teureren, aber rein natürlichen Mischungen. Die Farben sind zurückhaltend natürlich und der Duft eben echt!

Eines meiner Lieblingspotpourris: Rosenknospen, Ringelblumenblüten, Blätter der Verbene

Ein Strauß nach Hexenart besteht aus nicht hochgezüchteten Gartenblumen, bunt gemischt mit Wiesenblumen und duftenden Kräutern.

Aus der Hexenwerkstatt: Kräutersträuße und Kränze

Sommertage sind Blumentage. Wald, Flur und Gärten bieten jetzt ein Blütenmeer in Blau und Lila, Gelb und Rot, Weiß und Orange, und nicht zuletzt eine reiche Palette an Grüntönen. Dies lädt geradezu dazu ein, Vasen und Körbe zu füllen. Bei dieser Üppigkeit sollte wohl selbstverständlich sein, daß unter Naturschutz stehende Pflanzen unberührt bleiben.

Sommerliche Sträuße

Sträuße sind Geschmackssache, wie so vieles, was man mit der Natur treibt. Zehn Blüten, nein fünf können bereits ein Strauß sein, aber auch ein Arm voll davon. Band man früher die klassischen Sträuße aus ein und derselben Blumenart, eventuell noch mit etwas Bindegrün ergänzt, hat sich heutzutage doch ein deutlicher Wandel hin zur Blumenvielfalt vollzogen. Auch hier wurde man wählerischer wie auf so vielen anderen Gebieten des täglichen Umfelds. Gewisse Floristikorganisationen haben ihren Teil dazu beigetragen, dem Wunsch der Verbraucher nach Vielfalt entgegenzukommen.

Haben Sie schon einmal beobachtet, wie unbefangen Kinder mit Blumen umgehen? Es ist für mich immer wieder eine wahre Freude, ihnen beim Blumenpflücken zuzusehen. Man merkt, daß sich ein Kind aufgrund seiner Zuneigung zu den Blumen sein Sträußchen macht, ohne darüber nachzudenken, was zusammenpaßt oder welche Farben dieser Strauß haben muß, um in die Wohnung zu passen. Kindersträuße sind immer lebendig. Lange und kurze Stiele, große und kleine Blüten, weiß und bunt werden genauso unbekümmert gemischt wie die sich oftmals hineinverirrten verschiedensten Blätter und Gräser. In der Vielfalt liegt auch der Reiz eines solchen Arrangements, und diese Tatsache sollte für uns nachdenkende Große ein hevorragendes Lehrstück zur Gestaltung unserer „Erwachsenensträuße" sein.

Als Kräuterhexe vertrete ich die Meinung, daß ein Blumenstrauß nicht gekünstelt wirken, sondern einen natürlichen Ausschnitt aus der Natur darstellen soll. Nur so hat er einen Sinn, denn man möchte die Natur von draußen in die geschlossenen vier Wände seiner Wohnung bringen. Selbst die Jahreszeiten sollten an einem Strauß zu erkennen sein. Dies bringt mir die Natur näher ins Haus.

Im Garten blühen Rittersporn, Rosen, Margeriten, die Jungfer im Grünen, Lilien, Schleifenblumen und Cosmeen. Von der hoch aufragenden Sonnenblume über das schöne Blau der Kornblumen bis zum niederen Frauenmantel in Grün, der Tagetes, der Sonnenbraut und vielen anderen Sommerblumen strahlt ein zauberhafter Reigen. Fast alle eignen sich zum Schnitt, und ich kann mir einen knallbunten Strauß schneiden, der die Überschwenglichkeit eines Sommertages symbolisiert und aufgrund seiner verschiedenen Strukturen und natürlichen Farben nie kitschig wirkt.

Oder aber ich beschränke mich auf ein, zwei oder drei Farben. Ich berücksichtige möglichst die sogenannten Komplementärfarben, wie gelb und blau, mit weiß

Dieser Kräuterstrauß bringt aromatischen Duft ins Zimmer: Ringelblumen, Margeriten, Jungfer im Grünen, Borretsch, Origano (Dost), Thymian, Schafgarbe, Ysop und Labkräuter.

kombiniert. Damit strahlt das Gebinde immer eine gewisse Ruhe und Harmonie aus. Gelb und blau bedeuten nicht unbedingt nur zwei Blumenarten. Verschiedene gelbe Blüten, wie die von Ringelblumen, Färberkamillen, Heiligenkraut, Sonnenbraut, Tagetes und Sonnenblumen oder Lilien, zusammen mit verschiedenen blauen vom Rittersporn, der Kornblume, Lobelie, Iris, des Lavendels oder der Glockenblume ergeben durch ihre unterschiedlichen Strukturen und Farbnuancen einen zusätzlichen ästhetischen Reiz. Solch ein Strauß gewinnt noch an farblicher Intensität und Tiefe, wenn er mit zarten weißen Blüten vom Schleierkraut, der Kamille, dem Mutterkraut oder Kerbel ergänzt wird.

Apropos Kerbel, ein blühendes Gewürzkraut, das wie viele andere Kräuter auch eine dekorative Seite hat. Eine der schönsten Arbeiten der Kräuterhexe ist für mich das florale Gestalten mit Kräutern. Auch hier sind der Fantasie keine Grenzen gesetzt, ein größeres Problem stellt eher die Beschaffung geeigneter „Binde"-Kräuter dar. Zu einem meiner Geburtstage habe ich mir einmal einen Strauß ge-

Dieser Klatschmohn steht in einer verdeckten Vase in einem Kräutersammelkorb.

wünscht, in dem sich die Anzahl meiner Lebensjahre an verschiedenen Pflanzen (nicht nur Kräutern) widerspiegeln sollte.

Der „Kräuterhexensommerstrauß"

Wer einmal den Duft und den Charme von Kräutern auch im dekorativen Sinn erkannt hat, wird es als besondere Freude empfinden, einen Strauß aus oder mit Kräutern überreicht zu bekommen. Daß von gespritzten oder gar giftigen Pflanzen Abstand genommen werden muß, bedarf eigentlich keiner Erwähnung, aber auch in dieser Angelegenheit habe ich schon sehr unbekümmerte Leute kennengelernt.

Ein Kräuterhexensommerstrauß wird also immer aromatisch duften, vor allem wenn ich Ringelblumen, Rosen, Kornblumen, Margeriten und die Jungfer im Grünen mit Ysop, Rosmarin, Salbei, Oregano, Schnittlauchblüten, Borretsch, Estragon und Liebstöckel „würze". Wildblumen, wie Klee, Klatschmohn, Hahnenfuß und Schafgarbe, die häufig vorkommen und außerdem nichts kosten, können, auch „pur" in einem Korb arrangiert, durchaus ein ästhetisches Erlebnis bedeuten.

An dieser Stelle noch ein wichtiger Hinweis. Bei all dieser Blumenstraußpracht müssen wir an jene Menschen denken, die allergisch auf ein solches Exemplar reagieren. Diesen leidgeplagten Menschen machen Sie mit einem noch so gut gemeinten Blumenstrauß keine Freude.

Noch ein Tip: Stark duftende Blumensträuße sind ungeeignet für Krankenbesuche. Gespritzte Blumen aus verschiedenen Herkunftsländern können auch bei Nichtallergikern zu Hautreizungen führen.

Eine bunte Feldblumenmischung mit duftenden Kräutern, hier Kamille, Klatschmohn, Kornblumen, Frauenmantel, Bartnelken, Storchschnabel und Muskateller-Salbei aus dem Garten

Schöne Kräuterkränze

Seit Jahrtausenden werden Kränze als uralte Form des Blumenschmucks gebunden. Der in sich geschlossene Kreis ohne Anfang und Ende entspricht dem höchsten Symbolwert des ewigen Lebens.

In meinem Kräuterhexenladen sind natürlich überwiegend Kräuterkränze gefragt, die ich dann aus praktischen Gründen so gestalte, daß sie auch abgeerntet werden können, wenn im Küchenalltag einmal Not an Knoblauch, Peperoni, Salbei, Thymian und Rosmarin herrschen sollte.

Die Basis für einen Kräuterkranz bildet eine Weidenrute von ca. 1 m Länge und einem Durchmesser von ca. 1 cm, die zu einem Kreis geschlungen und mit Bindedraht fixiert wurde. Dieser Kranzkern wird nun mit Hilfe von Bindedraht im Uhrzeigersinn mit Heubüscheln umbunden, bis sich ein Kranzwulst von 8 bis 10 cm Stärke gebildet hat. Als nächsten Arbeitsgang muß ich die verschiedenen Kräuter und Gewürze mit Draht zu einem Sträußchen zusammenfassen. Diese werden dann in den Heukranz gesteckt und auf der Rückseite verdrahtet (siehe Seite 98 f.).

Kränze aus frischen Blüten für beispielsweise einen besonders liebevoll geschmückten Geburtstagstisch zaubere ich ebenfalls in meiner Hexenwerkstatt. Als Basiskranz verwende ich dann einen aus Steckschwamm, der vor der Verarbeitung in Wasser getaucht wird, bis er sich vollgesogen hat. Steckschwammkränze sind in Hobby- und Bastelläden zu erwerben.

Im Sommer bekomme ich hin und wieder einmal einen Strohhut überreicht mit der Bitte, ihn mit einem Blütenkranz als „Hutband" zu schmücken. Bei der richtigen Auswahl der hierbei zu verwendenden Pflanzen duftet dieser auch im Winter noch und läßt so bei 20 cm Neuschnee den Sommer ahnen.

Jede Menge Kränze nach Hexenart

Hexen Spezial

Kräuteröle und Essig

Mein Kräuteressig aus Ysop, Bohnenkraut, Estragon, Salbei und Liebstöckel

Grundsätzlich können alle im Garten vorkommenden Kräuter in Essig eingelegt werden. Die Verarbeitung der sommerlich frischen Pflanzen ist jenen im getrockneten Zustand auf jeden Fall vorzuziehen. Kräuteressige können aus einem Kraut oder aus einer Mischung verschiedener Kräuter hergestellt werden. Meine mit Vorliebe verwendeten Essigkräuter sind Weinlauch, Bärlauch, Knoblauchrauke, Schittlauch, Liebstöckel, Bohnenkraut, Estragon und Ysop, der sich besonders für Aceto balsamico (Feinkostgeschäft) eignet, sowie Thymian, Salbei und Melisse. Sehr delikat schmeckt auch eine Zugabe von Lavendel, Rosenblüten und Kumquats. Wurzelgemüse, wie Pastinaken, Petersilienwurzel oder Sellerie, geben einem Winteressig eine aparte Würze.

Für die Herstellung von Kräuteressig sollte die Basis, also der reine Essig, von bester Qualität sein. Der Geschmack von beiden – Essig und Kräutern – ergänzt sich bzw. verstärkt sich. Daraus folgt, daß ein minderwertiger Essig oder gar Essigessenz der Mühe nicht wert sind. Der Säuregrad sollte bei mindestens fünf, besser sechs Prozent liegen. Das hat einen ganz einfachen Grund: Essig ist etwas „Lebendiges". Lege ich nun Kräuter in einen mit niedrigem Säuregrad (z. B. Obst- oder Apfelessig), so werden diese von den Essigbakterien als Fremdkörper interpretiert und regelrecht bekämpft. Eine Trübung und/oder die Bildung einer Essigmutter sind die Folgen eines solchen „Krieges", oder aber der Essig kippt um.

Kräuteressig selbst herstellen
1. Alle Zutaten und Utensilien vorbereiten (rechts).
2. Zuerst kommen alle Kräuter in die Flasche (ganz rechts).

Dies läßt sich vermeiden, wenn der Säuregrad hoch ist, so daß eine natürliche Konservierung der Kräuter gewährleistet ist. Die so resistenten Kräuter können dann im Essig verbleiben, bis die Flasche geleert ist. Sie sind somit nahezu „ewig" haltbar.

Kräuteressig herstellen

Die vorgesehenen Kräuter werden kurz gewaschen, von möglichen Bewohnern befreit und in der Salatschleuder getrocknet. Ein Küchentuch erfüllt diesen Zweck auch, wenn man nicht zu stark drückt. Die Trocknung ist notwendig, da eventuell an den Pflanzen verbleibendes Wasser den Essig verdünnt. Die gegebenenfalls etwas zerkleinerten Kräuter – man nimmt fünf bis acht frische Kräuterstengel auf 1 l Essig – werden nun in eine ausreichend große Flasche gegeben und diese mit Essig aufgefüllt. Die Flasche wird anschließend verschlossen an einen hellen Platz gestellt, täglich auf sich eventuell bildende Gase kontrolliert und nach ein bis zwei Wochen – dann ist der Auszug beendet – entweder abfiltriert oder mitsamt den Kräutern gut verschlossen.

Ein auf diese Art und Weise hergestellter Essig, für dessen Basis ich ausschließlich guten Weinessig verwende, kann zum Gebrauch in der Küche pur oder verdünnt verarbeitet werden.

Kräuteröle ansetzen

Zu dem Essig alternativen Thema „Kräuteröl" gibt es ebenfalls ein paar wichtige Dinge anzumerken, die bei der Herstellung unbedingt berücksichtigt werden müssen. Öl und Wasser vertragen sich bekanntlich nicht miteinander. Beim Richten eines Kräuteröles sollte man daher nur absolut trockene Kräuter verwenden. Rosmarin, Lavendel und Thymian haben auch im frischen Zustand einen sehr geringen Wasseranteil in ihren Pflanzenzellen und können daher ungewaschen auch direkt vom Stock ins Öl eingebracht werden. Hier rechnet man drei bis fünf frische Zweige auf 1 l Öl oder zwei bis vier Eßlöffel getrocknete und zerkleinerte Kräuter. Die Vorgehensweise ist dieselbe wie beim Essig, jedoch mit dem kleinen Unterschied, daß das Öl für den Auszug nicht direkt in der Sonne stehen und sich damit aufheizen sollte. Helligkeit ist allerdings auch hier Voraussetzung für einen guten Extrakt.

Ein weiterer Unterschied zum Essig liegt in der Haltbarkeit. Ein Kräuteröl sollte innerhalb von drei bis vier Monaten verbraucht sein. Als Basisöle eignen sich kaltgepreßte Oliven- oder Sonnenblumenöle und solche aus Disteln, Soja und Maiskeimen.

So einfach ist das richtige Verkorken mit Bast oder einer anderen Schnur (oben).

3. Dann den Essig einfüllen (ganz links).
4. Mit Korken und Bast verschließen und hell aufstellen (links).

Der Herbst

Auf meinem Rundgang durch die Natur entdecke ich reife Früchte im Überfluß. Sie täuschen auch an noch so warmen Tagen nicht darüber hinweg, daß sich der Sommer verabschiedet. Der Herbst schleicht sich ein, sachte, aber an jedem Tag kommt er einen Schritt näher.

Aus dem Hexentagebuch

Langsam schleicht sich in den Spätsommer der Herbst ein. Fast unmerklich kommt er im September mit den ersten Morgennebeln daher. Die Temperaturen werden von den meisten wieder als angenehm empfunden, die Hitze des Sommers ist nicht jedermanns Sache. Das Blau des Himmels bekommt eine sanfte Tönung.

Der Hexenbesen steht für das Herbstlaub bereit, aber im übertragenen Sinne auch für die Früchte des Herbstes. Das Thema zu meinen Exkursionen im September lautet: „Herbstkräuter und Wildfrüchte". Es ist nun an der Zeit, Brombeeren für meinen Sherry gleichen Namens und Holunder für ein Elixier zu ernten. Die roten „Beeren" des Weißdorns werden jetzt mit den getrockneten Blüten und einem Zweig Rosmarin zu einem herzhaften Schnaps angesetzt. An einem freien Wochenende – gibt es das noch? – steht Pilze suchen auf dem Familienwunschzettel. Das Ergebnis soll anschließend in einem schmackhaften Sonntagsessen den Weg in den Magen finden.

Der Herbst ist überhaupt die Zeit, in der in der Kräuterhexenküche sehr häufig kulinarische Köstlichkeiten zubereitet werden. Pilze, Eßkastanien, allerlei frisches Gemüse und Salate, Kartoffeln, Äpfel und Birnen laden geradezu ein, jetzt als Grundlage für ein Festmahl zu dienen. Nicht zu vergessen – Kürbisse!! Ich liebe diese gelben Riesen. Lange als „Arme-Leute-Essen" verpönt wird heutzutage ein Kürbissüppchen immer mehr als Delikatesse angesehen. Diese gemütlichen, dicken Exemplare aus der Familie der Kürbisgewächse finden sich im Herbst überall im Hexenhaus, nicht nur vor der Haustüre, um als Fratzenkürbis böse Geister zu vertreiben.

In den ersten Herbsttagen halte ich nach Sammelstellen für Hagebutten und Schlehen Ausschau. Diese Früchte ernte ich im Spätherbst, aber erst nach einer oder zwei Frostnächten.

Der Herbst ist auch die Zeit der Trockenfloristik. Vom Urlaub heimgekehrt hat man nun das Bedürfnis, sich seine gute Stube gemütlich zu gestalten; denn die

Ein Ritt gefällig?

Zeit der Outdoor-Parties neigt sich dem Ende entgegen. Ein Anzeichen dafür ist die sprunghaft ansteigende Nachfrage an Trockendekoration in meinem Hexenladen.

Auch jetzt können noch an jedem Tag Küchen- und Heilkräuter für den Wintervorrat geerntet werden. Ja gerade im Herbst gibt es oft noch stabile Schönwetterperioden, die Kräuterwuchs und -sammlung positiv beeinflussen. Es ist eine günstige Zeit, Kräuter neu auszupflanzen, der Boden ist jetzt durch die ersten Nebel wieder feucht.

Es ist aber auch Zeit, bereits an Weihnachten zu denken. Die Hagebutten für die Adventsdekorationen müssen jetzt geschnitten und getrocknet werden, denn nur dann sind sie haltbar und behalten auch ihre schöne rote Farbe. Ab September bereite ich mich auf die kommende Weihnachtssaison vor und denke mir individuelle Geschenkideen aus. Dies geschieht deshalb so früh, weil sie ja noch in die Tat umgesetzt werden müssen. Das braucht seine Zeit.

Wann es dann buchstäblich richtig Herbst geworden ist, merke ich daran, daß ich morgens durch Pistolenschüsse (werden von Weinberghütern abgegeben, um die Vögel zu vertreiben) und Traktorlärm geweckt werde. Keine Angst, in Sternenfels herrschen keine Wildwestmanieren, – es ist Weinlese!

Ein herbstlicher Hexenstrauß – wie ich ihn liebe: Zweige mit Wildfrüchten und herbstlichen Wildstauden.

Jungfer im Grünen (Nigella damascena)

Arbeiten im Hexengarten

Auch im Kräuterhexengarten ist es Herbst geworden. Damit meine Staudenkräuter den Winter gut überstehen, habe ich Ende September schon die Ernte eingestellt. Die letzten Sommertriebe können so in Ruhe ausreifen und sind dann den Strapazen der kalten Jahreszeit mit Schnee und Eis eher gewachsen.

Lediglich die Samenstände schneide ich noch zu Dekorationszwecken, auch wenn sie bereits ausgefallen sind. Die von der Jungfrau im Grünen, von Schafgarbe, Johanniskraut, Goldruten, Labkräutern, Wilder Möhre, der wilden Waldrebe, Klatschmohn, Rainfarn und Oregano sind im Kräutergarten noch häufig zu finden oder werden jetzt, wenn die ganze Blütenherrlichkeit dahin schwindet, erst richtig wahrgenommen. Für meinen Geschmack geben sie Herbstdekorationen mit ihren braunen, sonnengebleichten und von den ersten Herbststürmen zerzaustem Aussehen die adäquate Stimmung. Einen Teil davon hänge ich in Bündeln unter die Decke, damit ich sie für die feierlichen Dekorationen im Advent mit Goldspray (ohne Treibgas – ehrlich!) veredeln und verarbeiten kann. Es ist immer wieder erstaunlich, wie sich das Aschenputtel in Gestalt einer braunen, ausgebleichten ehemaligen Schafgarbenblüte mit einem Hauch von Goldspray in eine strahlend glänzende Königin verwandelt.

Die warmen Rottöne des Herbstes machen Früchte und Blätter besonders attraktiv.

Alle mediterranen Kräuterstauden, wie Salbei und Thymian, werden im Herbst nicht zurückgeschnitten. Lediglich Lavendelblütenstengel kürze ich bis zu den ersten Blattspitzen ein. In rauhen Gegenden ist zudem Winterschutz in Form von Tannenreisig oder Holzwolle zu empfehlen.

Links: Einige Pflanzen müssen zurückgeschnitten werden, hier der Zitronenstrauch oder Verbene, eine Kübelpflanze, die während der kalten Jahreszeit ins Haus muß.

Rückschnitt und Winterschutz

Weniger märchenhaft sind die Arbeiten der Kräuterhexe, die nebenbei in ihrem herbstlichen Garten zu erledigen sind. Sträucher und Rosen werden zurückgeschnitten und der Rosmarin sowie andere mediterrane Schönheiten bekommen einen Winterschutz aus Tannenreisig.

Das von den Bäumen fallende Laub wird auf einen Haufen zusammengefegt und ebenfalls mit Reisig oder anfallendem Schnittgut abgedeckt, damit es von den stürmischen Herbstwinden nicht wieder auseinandergeblasen wird. Solche Haufen sind Winterquartiere für allerlei Getier.

Größere Aktionen in Sachen Winterschutz sind nach meinen Erfahrungen nicht nötig, ja wenn, sogar schädlich. Ich meine damit das Abdecken von Rosen und anderen doch recht winterharten Gewächsen mit Tannengrün oder gar das gefängnishafte Einpacken mit Plastiktüten. In relativ milden Wintern, wie sie in unseren Breiten und vor allem in Weingebieten üblich sind, ist ein zu gut gemeinter Winterschutz nicht für die Pflanze eine warme Stube, aber für allerlei Insekten und Ungeziefer, die auf diese Art den Winter hervorragend überleben.

Kübelpflanzen hereinholen

Es ist jetzt die Zeit gekommen, die Kübelpflanzen von der Terrasse ins Winterquartier umzusiedeln. Ich warte damit immer so lange wie nur möglich. Erst, wenn das Wetteramt irgendwelche zu erwartenden Nachtfröste voraussagt, wandern Olivenbaum, Zitronenstrauch, Brautmyrte und Kakteen in den Wintergarten. Dort müssen sie solange verharren, bis die besagten Nachtfröste auf Dauer wieder ausbleiben. Eine kühle und helle Umgebung ist die beste Voraussetzung für die Überwinterung von empfindlichen Pflanzen. Ein Wintergarten ist ideal, notgedrungen tut es auch ein heller Keller, das Treppenhaus oder die Waschküche.

Meine Verbene (Zitronenstrauch), die übrigens wie unsere einheimischen Laubbäume im Winter alle ihre duftenden Blätter verliert, wird bei dieser Gelegenheit gleich kräftig zurückgeschnitten. Im Frühjahr treibt sie dafür um so stärker aus.

Salbei und Lavendel

Hat der Kräuterfreund Salbei und Lavendel im Garten, so möge er sie weder auspflanzen noch zurückschneiden. Unter normalen Umständen sind sie im Frühjahr wieder da.

Gewöhnliche Goldrute (Solidago virgaurea) *schneide ich gerne für herbstliche Sträuße.*

Wichtige Herbstkräuter

Gewöhnliche Goldrute
(*Solidago virgaurea*)

Sie ist ein typisches Herbstkraut. In den Monaten September und Oktober blüht sie mit voller Pracht. Es ist verblüffend, aber aufgrund ihrer Heilwirkung ist sie offensichtlich das Heilkraut der im Sternzeichen der Waage Geborenen. Die körperliche Entsprechung dieses Tierkreiszeichens sind Niere, Nierenbecken, Blase und die Haut. Genau diesen Organen entspricht die Heilwirkung der Goldrute. „Solidare" bedeutet im Lateinischen soviel wie „ganz machen", und damit ist die Goldrute als Wundkraut für die Haut gemeint. Diese Pflanze hat darüber hinaus die Eigenschaft, Leber und Niere anzuregen, um die „Abfallstoffe" auszuscheiden, und gilt daher auch als wirksam bei Blasensteinen. Sie darf deshalb in keinem Blasen- und Nierentee fehlen.

Von unserer Gewöhnlichen Goldrute erntet man die Blüten und Blätter der oberen noch nicht verholzten Pflanzenteile. Diese werden bundweise getrocknet, anschließend zerkleinert und in einem gut schließenden Gefäß verwahrt. Als reiner Goldrutentee hat sich dieses Kraut sehr nützlich gegen Wasserstauungen erwiesen. Wer Tee nicht mag, dem sei empfohlen, Goldrute in Wein kurz aufzukochen, abzuseihen und einzunehmen. Die Wirkung ist dieselbe.

Heiligenkraut (*Santolina chamaecyparissus*)

Es wächst als niederer Strauch. Die gelben Blütenköpfchen, die in ihrem Aussehen an den Rainfarn erinnern, erscheinen von Juli bis August, sofern die Pflanze nach einer Neuanpflanzung den Winter überstanden hat. Für mich sind diese gelben Blüten, die sich übrigens hervorragend trocknen lassen, ein sehr wichtiger Bestandteil in der Trockenbinderei. Als Heilpflanze diente Heiligenkraut früher dazu, Eingeweidewürmer auszutreiben

Rechts: Silber-Heiligenkraut (Santolina chamaecyparissus)

Blühender Rosmarin (Rosmarinus officinalis); *Rosmarin kann das ganze Jahr über geerntet werden (ganz links).*

Rosmarinblätter sind in Hexenküche und -labor unentbehrlich (links).

und zur Schmerzlinderung bei Insektenstichen. Heute wird es lediglich noch zur Herstellung von Mottensäckchen verwendet, denn der würzig-aromatische Duft wird von Ungeziefer aller Art gemieden.

Rosmarin (*Rosmarinus officinalis*)

Bücher schreiben ist eine anstrengende geistige Arbeit, auch für Kräuterhexen. Um die Anzahl meiner Geistesblitze zu erhöhen, bediene ich mich nun einer uralten Heilpflanze, des Rosmarins. Im alten Griechenland wurden von Studenten bereits Kränze aus *Rosmarinus officinalis* getragen, um das Gehirn zu stärken. Wenn ich nun vor Ihrem geistigen Auge als rosmarinkranztragende Kräuterhexe, mit Papier und Bleistift bewaffnet am Schreibtisch sitzend, auftauche, muß ich dieses Bild etwas zurechtrücken. In einer Aromalampe verdampft Rosmarinöl – Rosmarin wirkt auf diese Weise im 20. Jahrhundert effektiver, sogar am Personalcomputer.

Durch Inhaltsstoffe, wie kampferartige ätherische Öle, Harz, Säure, Gerb- und Bitterstoffe, wirkt Rosmarin anregend auf den Kreislauf und die Nerven. Diese Tatsache macht ihn bei Erschöpfungszuständen, niederem Blutdruck und Abgeschlagenheit zu einem wertvollen Heilkraut. Der Weihrauch-Kampfer-Duft ist wohl die Ursache dafür, daß Rosmarin früher als Zauberkraut galt. Bei religiösen Zeremonien und zur Reinigung der Luft in Krankenzimmern wurde Rosmarin ebenso verwendet wie zur Abwehr von Ungeziefer in Büchern und Kleidung. Daß man bis auf den heutigen Tag Rosmarin auch bei Begräbnissen als Duftkraut nimmt, hat mir einmal ein ehemaliger Apotheker während meiner Ausbildung zur PTA geschildert. Für ihn wäre Rosmarin nach wie vor eben diese Totenpflanze, und bei seinem Geruch müsse er immer an Beerdigungen denken. Geruchsassoziation! Die Kosmetikindustrie und kulinarische Betriebe wie Restaurants sehen diese Pflanze weniger pietätvoll. Für sie ist sie vielmehr eines der Basisprodukte für pflegende und kosmetische Erzeugnisse. Schließlich ist Rosmarin ein Gewürz für Fleisch, Fisch, Gemüse, Suppen und Eintöpfe.

Rosmarin muß in unseren Breiten – also nördlich der Alpen – als Kübelpflanze im Haus überwintern. Er ist sehr wärmebedürftig und daher nicht winterhart. Ausnahmen bilden eventuell Standorte im milden Weinbauklima.

Erst die vollreifen Brombeeren entwickeln den richtig guten Geschmack (rechts).

Der Schwarze Holunder (Sambucus nigra) *galt als Wohnung des guten Hausgeistes (ganz rechts).*

Wildfrüchte des Herbstes

Die Früchte für meine ganz besonderen Hexentränke werden im Spätsommer und Herbst vollreif geerntet. Das ganze Aroma des Sommers wird auf diese Art und Weise in süffiger und dennoch auch der Gesundheit zuträglicher Form konserviert.

<u>Brombeere *(Rubus fruticosus)*</u>

Die Brombeere wird seit langer Zeit nicht nur wegen ihrer schmackhaften Früchte, sondern auch wegen ihrer adstringierenden und anregenden Eigenschaften geschätzt. Der hohe Gerbstoff- und Vitamin-C-Gehalt macht die Brombeere zu einem wertvollen Heilmittel bei Durchfall, Ruhr, Hämorrhoiden und Blutstau in der Gebärmutter. Auch bei entzündetem Zahnfleisch, Geschwüren im Mund und Halsentzündungen hat sich die Brombeere bewährt.

Geerntet werden die Früchte ab Ende August in zeitlichen Abständen von einer Woche, da nie alle Beeren gleichzeitig reif sind. Nur vollreif schmecken sie richtig gut. Sie eignen sich dann für Marmeladen, Gelees und Soßen, aber auch für Eis. Im Kräuterhexenlabor wird damit Brombeer-Sherry gezaubert. Die Blätter werden gerne mit Himbeer- und Erdbeerblättern zu einem leckeren Kräuterhaustee gemischt. Fermentierte Brombeerblätter, welche eine Wärmebehandlung hinter sich haben, sind an Geschmack und Wirkung dem schwarzen Tee ähnlich. Ich verwende sie in einer Teemischung gegen Durchfall.

<u>Schwarzer Holunder *(Sambucus nigra)*</u>

Der Schwarze Holunder war früher auf dem Lande als Hausbaum überall zu finden. Frau Holle wohnt der Sage nach im Hollerbusch und der Schnee, den sie aus ihrem Kissen schüttelt, ist nichts anderes als die fallenden, cremeweißen Blütenblätter seiner Blütendolden. Will man diese ernten, so sind dafür die Monate Mai und Juni geeignet. Sie müssen schnell getrocknet werden und ergeben dann den schweißtreibenden Fiebertee, den man bei einer Erkältung zu sich nimmt. Eher genüßliche Zubereitungen, aber auch nicht ungesund, sind Holundersekt und -limonade. Ich setze die getrockneten Holunderblüten mit den reifen schwarzen

Beeren des Septembers zusammen mit Kandiszucker, Alkohol und einer speziellen Mischung aus Gewürzen des Morgenlandes zu einem wohlschmeckenden Holunderelixier an.

Blätter und Rinde des Holunderstrauches haben eine abführende, harntreibende und blutreinigende Wirkung. Die Blätter, als Öle oder Salbe verarbeitet, wirken schmerzlindernd und zusammenziehend bei Hämorrhoiden und Entzündungen. Seine „Beeren" werden gerne für die Herstellung von köstlich-erfrischenden Naschereien, wie Marmelade, Gelees, Weine, Puddings, süßen Suppen und Kuchen, verwendet. Die grünen Teile des Fruchtstandes und die Kerne sollten allerdings beseitigt werden, da sie durch leichte Giftstoffe Unwohlsein hervorrufen können.

Weißdorn (*Crataegus monogyna*)

Die Farbe der Früchte des Weißdorns gehört neben dem Rot der Hagebutten zu den Lieblingen in meiner Umgebung. Jesus' Dornenkrone wurde der Legende nach aus Weißdornzweigen geflochten. Was liegt also näher, wie eben diese dornenbewehrten Zweige als Abwehr gegen Donner, Blitz und böse Geister zu benutzen. Sie wurden für diesen Zweck in Kranzform gebunden oder aber kreuzweise an Hof- und Stalltüren angebracht. Die weißen Blüten erscheinen im Mai und werden gerebelt geerntet, um dann als herzstärkender Tee speziell für das „Altersherz" getrunken zu werden. Weißdorn ist ein ausgezeichnetes Mittel bei Herzerkrankungen jeglicher Art, besonders, wenn diese mit Durchblutungsstörungen einhergehen. Um eine Heilwirkung zu erzielen, muß eine Weißdornzubereitung über einen langen Zeitraum eingenommen werden.

Heidelbeere (*Vaccinium myrtillus*)

Die reifen Heidelbeeren werden zu Marmelade, Gelees, Obsttorten und Joghurt verarbeitet. Die köstliche Frucht wirkt desinfizierend und adstringierend auf den Magen-Darm-Trakt und kann sogar Typhus- und Kolibakterien abtöten. Kocht man die Blätter ab, sind sie hilfreich bei Diabetes, Harngrieß und Skorbut.

Die sogenannte Strauchheidelbeere oder Gartenheidelbeere wird höher und hat größere Früchte, die leider nicht so aromatisch schmecken, aber Mund, Zunge und Zähne nicht mehr verfärben.

Eine Hagebutte, hier die Frucht der Kartoffelrose

Weißdorn spielt bei vielen Herzmitteln eine große Rolle (ganz links).

Sucht der Naturfreund im Wald nach den Eingängen von Zwergenwohnungen – dann sollte er nach Heidelbeeren Ausschau halten (links).

Erntedankfest bei der Kräuterhexe

Am ersten oder zweiten Wochenende im Oktober, so genau weiß man dies nicht, ist Erntedank. Nicht nur in Städten, sondern auch in ländlichen Gebieten wird dieser Gedenk- oder besser Dank-Tag einfach vergessen. Wozu braucht man ihn heute auch noch? Man hat es heute doch nicht mehr nötig, sich für Obst und Gemüse, Kartoffeln und Getreide zu bedanken. So meinen viele. Die Welt ist ja groß genug und irgendwoher kommt immer irgend etwas zu essen.

Auch im Sinne der Naturverbundenheit kann und will die Kräuterhexe diese Entwicklung nicht nachvollziehen. Ich gebe zu, eine ganz besondere Beziehung zu der mich umgebenden Natur im Jahresreigen zu haben, und es wird für mich nie selbstverständlich sein, alles jederzeit zur Verfügung zu haben. Wenn es Menschen also als nicht mehr nötig ansehen, sich für Nahrung zu bedanken – und ich meine damit nicht unbedingt die religiöse Variante des Erntedankfestes –, für was soll sich der Mensch dann überhaupt noch bedanken? Ich beobachte in meiner Umgebung täglich, daß beschenkte Kinder nur noch äußerst selten mit der „altmodischen" Erziehungsmethode: „. . . und wie sagt man?!" aufgefordert werden, ein „Danke" über die Lippen zu bringen.

Wie heißt es doch so salopp: „Zahl' dei Sach', dann brauchsch nett „dankschee" sage!" Bei einer solchen Einstellung wünsche ich mir oft insgeheim, das Geld möge jenen recht bald ausgehen, damit sie wieder lernen, menschlicher und dankbarer miteinander umzugehen.

Es mag seltsam klingen, aber die Kräuterhexe bedankt sich jedesmal, wenn sie einen Erntekorb füllt, bei der Natur, bei einer Macht, die über allem wacht – und bei meinem Nächsten, nicht nur am Erntedanktag.

Erntedankfest im Haus der Kräuterhexe. Mir ist es wichtig, der Natur Danke zu sagen, für all die Herrlichkeiten, die sie uns jahrjährlich schenkt.

Pfannkuchen mit Brombeer-Heidelbeer-Creme gefüllt – ein leckeres Rezept für jede Küche

Aus Hexenküche und -labor: Süßes und Pikantes

Heidelbeerpfannkuchen, Hagebuttenpüree, Holunder-Pflaumen-Marmelade, Weißdorngelee, Brombeereis, Himbeersahne, glasierte Maronen oder Wildfrüchtegelee – alles süße Sachen aus der herbstlichen Kräuterhexenküche.

Brombeeren, Schlehen, Hagebutten, Preiselbeeren und Co.: mein Wildfrüchtegelee liebe ich besonders.

Dinkelpfannkuchen mit Brombeer-Heidelbeer-Creme

Für die auf dem Bild oben dargestellten Köstlichkeiten wird zunächst ein Pfannkuchenteig aus Dinkelmehl, Eiern, Milch und einem halben Teelöffel Rohrzucker angerührt. Diese Mischung wird beiseite gestellt, damit das Mehl ausquellen oder – wie man auch dazu sagt – ruhen kann. In der Zwischenzeit bereite ich die Füllung zu. Brombeeren und Heidelbeeren werden mit Zucker bestreut, zum einen um zu süßen, zum anderen entzieht man so den Beeren ihren Saft. Dieser wird mit einem Becher Schmand (Sauerrahm) und einem halben Becher Joghurt verrührt. Damit

sein Geschmack richtig fein wird, gebe ich noch etwas Vanille- oder Rosenzucker hinzu.

In die rosa-violette Creme werden nun nach und nach die Früchte gegeben und sanft untergehoben. So bleiben die Beeren unverletzt und ganz. Wer es noch feiner möchte, püriert die Früchte und rührt sie dann unter, bis sich der Fruchtbrei gleichmäßig verteilt hat. Nun werden nacheinander dünne Pfannkuchen ausgebacken und auf einen Teller gelegt, damit sie etwas abkühlen. Die Pfannkuchen sollten noch lauwarm sein, wenn sie mit der Brombeer-Heidelbeer-Creme gefüllt werden. Man macht eine kleine Tasche, indem man den Kuchen umschlägt. So schmeckt es am besten.

Sind die Pfannkuchen beim Befüllen zu heiß, zerläuft die Creme und wird dünnflüssig. Dieses köstliche Dessert serviert man, mit Puderzucker bestäubt und mit einigen ganzen Früchten verziert.

Hagebuttenpüree

Für ein herb-süßes Vergnügen sorgt das Hagebuttenpüree. Ich pflücke dazu nach dem ersten Frost vier Pfund Hagebutten, wenn sie bereits weich geworden sind. Das Männlein aus dem Walde wird zu Hause von Bein und schwarzem Käppelein befreit und halbiert. Wer das „Juckpulver" nicht ertragen kann, sollte dazu Einmalhandschuhe tragen.

Die so vorbereiteten Früchte werden in einer großen Schüssel mit Weißwein bedeckt. Das Ganze muß man zirka eine Woche stehen lassen und dabei einmal täglich umrühren. Danach läßt man in einem Kochtopf Wein und Hagebutten ungefähr eine Stunde kochen und streicht die Masse anschließend durch ein sehr feines Sieb, damit auch die „Haare" zurückgehalten werden. Dieses Vorpüree wird abgewogen. Die gleiche Menge Zucker gibt man hinzu und kocht das ganze zusammen noch einmal zehn Minuten, schäumt es anschließend ab und füllt es in Gläser. Hagebuttenpüree eignet sich sehr gut als Brotaufstrich, paßt zu gebratenem Fleisch oder – mit etwas Sahne verrührt – zu Eis oder Waffeln.

Kartoffeln – geliebte Küchengäste

Ob gekocht, gebacken, gebraten, fritiert, gedämpft oder süß, sauer, salzig, mit und ohne Soße, als Hauptgericht oder Beilage, es gibt wohl kaum eine Zubereitungsart, die mit der Kartoffel nicht möglich ist. Diese Dickmadame ist auch noch roh als Kartoffelstempel zu künstlerischen Höhenflügen geeignet.

Gab es in früheren Zeiten vielleicht nur drei bis vier verschiedene Kartoffelsorten, so hat sich jedoch ihre Anzahl in den letzten Jahren vervielfacht. Unterschiedliche Erntezeiten und Kochkonsistenzen sind der Stolz der Kartoffelzüchter, nicht aber immer auch zum Vorteil der Verbraucher. Selbst Gemüsehändler sind oftmals überfordert, wenn man etwas mehr als nur den Namen der angebotenen Sorte erfahren möchte. Diesen Namen zufolge handelt es sich um eine reine Damenriege, und eine gewisse weibliche Eigenschaft besitzen sie ebenfalls. Sie sind nämlich Überraschungsknollen. Das Verhalten dieser Grazien im Kochtopf ist selten genau einzuschätzen. Je nach Sorte, Herkunftsland und Wachstumsbedingungen kann es durchaus vorkommen, daß sie bei einer mittleren Kochzeit noch hart sind, Risse bekommen, zerfallen, graue Flecken aufweisen oder aber – und das empfinde ich noch als die schlimmste Art der Überraschung – außen weich und innen noch nahezu roh sind.

Wenn ich beim Kartoffelkauf auf meine Frage nach der Verwertbarkeit die Antwort bekomme: „Die können Sie für alles nehmen", lasse ich die Tüte sofort stehen und sehe mich nach einem anderen Kartoffelanbieter um. Bleiben wir also bei drei Sorten: festkochend, mehlig und neu.

Kartoffeltaler in Herbst-Kräuterbutter mit Waldpilzen in Walcholderrahmsoße

Jetzt im Herbst steht einem der Sinn nach Deftigem. Die Kartoffeln hatten den ganzen Sommer hindurch Zeit auszureifen, so daß von einer guten Qualität ausgegangen werden kann. Für meine in Herbst-Kräuterbutter geschmelzten Kartoffeltaler mit Waldpilzen in Wacholderrahmsoße benötige ich ein Pfund mehlige Kartoffeln. Diese werden am Vortag mit der Schale gekocht, gepellt und in eine Schüssel gerie-

Kartoffeltaler in Herbst-Kräuterbutter mit Waldpilzen in Wacholderrahmsoße – wie wär's?

ben. Salz, Muskat, getrockneter Oregano und frische, feingewiegte Petersilie werden als Würze dazugegeben und mit 50 g Dinkelmehl zu einem Teig geknetet. Ist dieser zu feucht – eventuell aufgrund der Kartoffelsorte –, gebe ich noch ein bis zwei Eßlöffel Semmelbrösel dazu, bis ein trockener Teig entstanden ist, der nicht mehr an den Händen kleben bleibt. Ist er aber trocken, ergänze ich mit Eigelb.

Am Tag des Verzehrs wird aus dem Teig eine Rolle geformt, von der die etwa 5 cm im Durchmesser betragenden Taler abgeschnitten werden. Die Scheibchen werden in einem Topf mit kochendem Salzwasser gegart, bis sie „oben" schwimmen, und dann herausgenommen.

In einer Pfanne werden Butter und Olivenöl zu gleichen Teilen erhitzt, bis es schäumt. Die Herbstkräuter, wie Salbei, Ysop, Bohnenkraut, Oregano, Basilikum und Rosmarin oder eine Lavendelspitze, dazugeben und die Kartoffeltaler von beiden Seiten in der Kräuterbutter goldgelb schmelzen.

Die in Butter gedünsteten Waldpilze würzt man mit Pfeffer und Salz, gießt sie mit süßer Sahne an und läßt sie mit einem Zweig Wacholder cremig einkochen. Den Zweig entfernt man vor dem Servieren, die Taler richtet man auf einer Platte an und verteilt die Pilze darüber.

Ob rot, ob blond, ob braun – ich liebe sie alle, meine Lieblingsgäste aus der großen Gemüse-Familie.

Pasten aus der Hexenküche

Meine Paprika-Tomaten-Knoblauchpaste – probieren Sie sie mal zu Gegrilltem oder Kartoffeln.

Ein Problem, mit dem beginnende Kräutergärtner kämpfen, wird auf meinen Seminaren immer wieder angesprochen: „Was mache ich um alles in der Welt mit dem vielen Zeug? So viel Tee kann ich gar nicht trinken." Oder: „Ich habe einen Riesenbusch Estragon und brauche doch nur ein paar Blättchen!" Ein nächster Jammer: „Im Sommer kann ich mich vor lauter Liebstöckel nicht mehr retten und im Winter fehlt er mir." Das sind nur einige Äußerungen, mit denen man sich Hilfe suchend an die Kräuterhexe wendet, die dann als löbliche Vertreterin ihrer Zunft auch für diese Probleme zur Seite steht.

Die Lösung ist die Herstellung von Kräuterpasten, die die Riesenmengen in kleine Gefäße zaubert. Das Geheimnis dieses Hexentips liegt in der Zubereitung mit Öl. Eine Kräuterpaste besteht immer aus einer großen Blattmasse der jeweiligen Pflanze, Öl und Salz sowie eventuell weiteren Würzzutaten. Wenn einmal jemand 100 g Estragon oder Liebstöckelblätter abgezupft hat, wird er erstaunt darüber sein, wie leicht Blätter sein können. Wenn man diese Menge auch noch püriert, wie es für eine Paste vonnöten ist, wird man feststellen, daß sich das Volumen mindestens halbiert hat und es sich daher überhaupt nicht lohnt, nur 100 g zu pflücken und zu verarbeiten. Macht man also sinnvollerweise mehr, wird auf diese Art ein stattliches Exemplar Liebstöckel sehr schnell dezimiert, und im Winter schätzt man dann das volle Aroma einer Sommerernte.

Hexen-Spezial-Paste mit Estragon und Melisse

Das letztere hat seinen Grund darin, daß Pasten mit Öl gerührt werden und die meisten Aromaträger öllöslich sind. Das heißt, das Aroma wird wiederum durch ätherische Öle an das Basisöl abgegeben und dort konserviert. Dieser Vorgang kann dazu führen, daß diese Zubereitung das natürliche Aroma noch wesentlich verstärkt. Die „Ölverwandtschaft" habe ich auch, wenn ich zum Beispiel an Suppen, Salatsoßen und andere Soßen denke, die ebenfalls einen gewissen Fettanteil besitzen. Pasten sind hierfür sehr gut geeignet.

Rezepturen für Pasten

Basilikum, Knoblauch, Estragon-Melisse, Paprika-Tomaten-Knoblauch, Basilikum-Oregano, Schwarze Oliven mit Sardellen, Knoblauch und Rosmarin, Bärlauch, Weinlauch mit Zehen vom wilden Knoblauch: eine kleine Auswahl möglicher Pastenrezepte. Der eigenen Fantasie sind auch für weitere Mischungen keine Grenzen gesetzt. Die Pasten sind mindestens ein halbes Jahr haltbar, dürfen aber wegen des Ölanteils nicht im Kühlschrank aufbewahrt werden. Man verwendet sie – wie teilweise oben schon erwähnt – für Soßen, Suppen und Salate, auch ein Brotaufstrich beispielsweise aus Oliven- oder Bärlauchpaste schmeckt äußerst delikat.

Für Suppenliebhaber: Liebstöckelpaste mit glatter Petersilie

Besonders zu empfehlen: eine Paste aus Schwarzen Oliven mit Sardellen (links)

Grundrezept Paste

100 g pürierte frische Kräuter (entweder vom einzelnen Kraut oder einer Mischung verschiedener Kräuter), 10 g Salz, Olivenöl nach Bedarf

Die Kräuter werden bereits mit vier Eßlöffeln Olivenöl püriert. Das Salz kann ebenso wie ein bis zwei Knoblauchzehen während des Püriervorgangs mit eingearbeitet werden. Diese Mischung, sie sollte ungefähr die Konsistenz eines Breis haben, wird dann in Weithalsgläser gefüllt. Über die Kräutermasse wird Olivenöl gegossen, so daß dieses eine Deckschicht von ca. 1 cm bildet. Dieser „Ölsafe" muß über den gesamten Zeitraum des Verbrauchs erhalten bleiben. Nicht im Kühlschrank lagern!

Schöne Herbstdekoration: Kräuterkranz mit Blickfang Sonnenblume und Hexenbesen

Aus der Hexenwerkstatt: Kränze und Körbe

Einen Kräuterkranz selbst binden

Zunächst lege ich mir die Zutaten zurecht, wobei ich bereits einen Rohling aus Heu gebunden habe. Dieser könnte auch aus rundgebundenen Weiden- oder Haselnußruten oder aus Stroh bestehen. Auch ein etwas stärkerer Bindedraht mehrmals um sich selbst geschlungen und mit Zeitungspapier verdichtet, kann als Kranzunterlage dienen. Wem dies alles jedoch zu viel Arbeit macht, findet die notwendigen Rohlinge auch bereits fix und fertig vorbereitet in Hobbyläden oder Bastelgeschäften.

Weitere Werkzeuge und Hilfsmittel sind eine Gartenschere, mit welcher man auch dünnen Draht schneiden kann, oder eine Kneifzange, Steck- und Bindedraht. Hauptmaterial sind jede Menge getrockneter Kräuter, eine Sache, die häufig unterschätzt wird. Nachdem nun alles bereitgelegt ist, werden die Stiele der Kräuter auf eine einheitliche Länge von ca. 20 cm geschnitten. Man faßt dann jeweils fünf bis zehn Zweige und fügt sie mit Steckdraht zu kleinen Sträußen zusammen.

Für einen Kranz mit ungefähr 25 cm Durchmesser sind so mindestens 40 bis 50 Stück vorzufertigen, wenn der Kranz rundum geschmückt werden soll. Mit den überstehenden langen Drähten werden die Einzelsträuße überlappend in die Kranzunterlage gesteckt und auf der Rückseite verwahrt.

Ob man nach dem Uhrzeigersinn oder aber entgegen arbeitet, richtet sich danach, wie das Arbeiten einem am leichtesten fällt. Das muß man eben ausprobieren. Wichtig ist nur, daß die Stengel des vorangegangenen Sträußchens nicht mehr sichtbar sind. Man vergesse auch nicht die Außen- und Innenseite des Kranzes!

Mit ein wenig Übung wird dieser Kranz schön gleichmäßig, störende „Überstehe her" werden zum Schluß einfach abgeschnitten; im Stufenschnitt versteht sich, wie beim Friseur. Eventuell auftretende „Löcher", also blanke Stellen, können am

Und so wird er gemacht.
1. Das wird alles gebraucht (rechts).

Ende noch mit zusätzlichen Kräutersträußchen gefüllt werden.

Der so entstandene Grundkranz kann je nach Geschmack, Anlaß oder Verwendungszweck zusätzlich mit Bändern, Holzanhängern oder – wie ich es bei meinen Kränzen zu tun pflege – mit Bast und einem kleinen Hexenbesen verziert werden.

Dies und das über Körbe

Der Korb – das wichtigste Sammlerrequisit über viele Jahrtausende – hat bis auf den heutigen Tag nichts an Aktualität eingebüßt. Was wäre eine Kräuterhexe ohne Korb? Unvorstellbar, keinen zu haben.

Jedes Volk hat seine eigenen, den Bedürfnissen entsprechenden Körbe aus ebenso unterschiedlichen Materialien ge-

2. Kleine Kräutersträußlein andrahten. Hier sind es Lavendel, Salbei, Dost, Hagebutten und die Samenstände von Ysop und der Jungfern im Grünen (Mitte links).
3. Einzelsträuße, überlappend und in eine Richtung zeigend, auflegen, den Draht in die Unterlage stecken und auf der Rückseite verwahren (links). Sonnenblume und Hexenbesen aufstecken.

Körbe spielen bei einer Kräuterhexe nicht nur fürs Kräutersammeln eine große Rolle. Ich stelle mir sehr gerne allerlei Blumen und Früchte aus der Natur – schön dekoriert im Korb – ins Haus.

fertigt. Ein Korb aus Skandinavien sieht anders aus als einer aus Zentralafrika. Puppenkörbe unterscheiden sich nicht nur in der Größe von denen für Menschen. Es gibt Spezialkörbe für Holz, Obst, Kartoffeln, Gemüse, Papier, Babies und Nüsse. Die Reihe ließe sich lange fortführen, aber einen für mich wichtigen Korb möchte ich nicht vergessen, den Kräuterkorb. Dieser ist auch heute noch wie in vergangenen Zeiten der Kräuterweiber neben dem Messer das wichtigste Utensil überhaupt. Keine Tasche, kein Rucksack, kein Stoffbeutel und schon gar nicht eine Plastiktüte erfüllt den Zweck eines Kräuterkorbes auch nur annähernd. Nur mit dem Korb ist es möglich, frische Kräuter luftig und locker zu transportieren, ohne daß sie gedrückt oder gequetscht werden können. Außerdem kann in einem Korb an Ort und Stelle nach Kräuterarten vorsortiert werden. Auch haben mögliche Bewohner, wie Käfer und Würmer, noch eine Chance, durch die Zwischenräume des Geflechts zu entkommen. Manchmal muß man ein bißchen nachhelfen.

Ein Kräuterkorb aus Vollweide kann auch einmal mitsamt Inhalt in ein Wasserbecken getaucht werden, damit grobanhaftende Erde und Steinchen abgewaschen werden können. Er wie auch die Kräuter trocknen von selbst wieder.

Es ist naheliegend, daß ein solches Universalgerät, das so alt wie die Menschheit selbst ist, auch sehr gerne zu Dekorationszwecken benutzt wird. In den letzten Jahren hat sich ein ganz bestimmter Wohnstil, der sogenannte Landhausstil, immer mehr durchgesetzt, und inzwischen lebt eine ganze Reihe von Möbelbauern und Heimtextilherstellern sowie unzählige Dekorationsartikelhändler von Produkten, die der Sehnsucht nach Landleben, Natur und heiler Welt entgegenkommen. In eine solche Umgebung, die sich selbstverständlich auch in einer Stadtwohnung befinden kann, passen Körbe natürlich optimal hinein.

Körbe selbst dekorieren

Ich kenne Menschen, die nur der Formen und des Materials wegen über eine stattliche Korbsammlung verfügen, ohne die einzelnen Körbe jemals zu benutzen. Körbe können auf die mannigfaltigste Art dekoriert werden. Es gibt eigentlich nichts, das in einem Korb schlecht aussieht, selbst wenn es wie hineingeworfen wirkt. Blumen und Früchte sind natürlich die Hauptakteure, wenn es darum geht, einen Korb nach Art der Landfrau zu füllen. Je nach vorhandenem Material besteht eine Füllung aus frischem Obst, frischen oder getrockneten Blumen oder früchtetragenden Zweigen.

Wenn ich frische Blumen in einem Korb arrangieren möchte, bringe ich zunächst eine Art Vase an. Das ist in den meisten Fällen ein mit Wasser gefülltes Einmachglas. In dieses werden die frisch geschnittenen Blumen so hineingesteckt, bis es unsichtbar ist. Wenn die Blütenpracht nicht ausreichen sollte, helfe ich mir mit ein paar Händen voll Moos oder Bastschleifen. Die Kombination mit Äpfeln vermeide ich tunlichst, denn diese sondern ein Gas ab, das Blumen schneller welken läßt. Nüsse, Weintrauben, Kastanien und andere Herbstgenüsse sind für solche Stilleben besser geeignet.

Soll ein Korb mit Topfpflanzen bestückt werden, muß man ihn vorher mit Folie auslegen, damit eventuell durchsickerndes Wasser nicht zur Fäule des Korbholzes führt. Keine besonderen Vorbereitungen sind bei der Verarbeitung von Trockenblumen notwendig. Ein mit diesem Material ausgestatteter Korb hat darüber hinaus den Vorteil, sehr lange haltbar zu sein. Man dekoriert ihn erst ab, wenn die Farben verblaßt, die Blüten verstaubt oder die ganze Komposition von Spinnen bewohnt ist. Aber selbst das hat noch seinen Reiz.

Natürlich gibt es nicht nur Körbe aus Holz; sie können auch aus Metall gefertigt sein, wie man auf dem Bild auf dieser Seite erkennen kann. Schön dazu paßt die scheinbar zufällig entstandene Dekoration eines Sammelkorbes aus Weide.

Diesen Korb holte ich mir im letzten Herbst ins Haus. Bald fehlten die ersten Äpfel und Nüsse, so verwertete ich schnell den Rest in meiner Hexenküche.

Elixiere: Heil- und Zaubertränke

Elixiere (griech.), laut Duden ein Heil- und Zaubertrank und im Lexikon lese ich dann: »Elixier, alkoholischer Auszug oder Mixtur aus pflanzlichen Substanzen mit Zusätzen von Zucker, Extrakten, ätherischen Ölen u. a.«

Kurz und bündig ist damit eines der wichtigsten Produkte der Kräuterweiber, Quacksalber, Wurzelgräber, Gaukler und Marktschreier vergangener Zeit beschrieben. Die Vorgehensweise entspricht noch immer jener vor Jahrhunderten. Geändert haben sich einige Inhaltsstoffe, das heißt Kräuter, die heute ausgestorben sind oder deren Wirksamkeit nicht bewiesen ist, wurden durch andere ersetzt. Es gehört wahrscheinlich sehr viel Hexenwissen dazu, aus der Vielzahl von Möglichkeiten, Kräuter zu mischen und Auszüge daraus zu gewinnen, diejenigen herauszufinden, die geeignet sind, unsere Gesundheit zu erhalten oder wieder herzustellen und darüber hinaus auch noch wohlschmeckend sind. Ein scheußlich schmeckender Tee wird genauso wenig getrunken wie ein abartig schmeckendes Elixier. Beides würde so seine Heilwirkung verfehlen.

Rechts: Das alles brauche ich für die Herstellung meines Salbeiweines.

Wenn ich mir die Historie durch den Kopf gehen lasse, fällt mir dabei der Theriak ein. Theriak ist eine Bezeichnung für eine Rezeptur aus dem alten Rom und war ursprünglich als Gegengift für mögliche Giftanschläge auf Herrscher und Feldherren gedacht. Der Leibarzt Neros wies 64 Substanzen aus, die zu einer Latwerge, einem Mus, vermischt wurden. Auch Honig gehörte dazu. Die 64. Substanz war übrigens die wirksamste Kraft; sie bestand

Salbeiwein herstellen 1. Zuerst Salbei, dann den Rosmarinzweig in die Flasche stecken (rechts und ganz rechts).

aus dem Fleisch frisch getöteter Vipern. Dieser Theriak entwickelte sich über Jahrhunderte hinweg vom einstigen Antidot zu einem Universalheil- und Wundermittel, natürlich mit dem entsprechenden wirtschaftlichen Erfolg für die Erzeuger. Um einen Betrug bei der Herstellung zu verhindern, fand diese unter behördlicher Aufsicht statt, letztmalig 1754 in Nürnberg. Der Ergänzungsband des Arzneibuches von 1953 kennt ebenfalls noch die Arzneiform des Theriaks, allerdings stark abgeändert. Ein solches Wundermittel wurde entsprechend prunkvoll aufbewahrt. Theriakgefäße gelten seit jeher als kulturhistorisch sehr wertvoll.

Salbeiwein selbst herstellen

Salbeiwein, er ist ein Elixier für die heißen Tage im Sommer, wenn das Schwitzen kein Ende mehr nehmen will und auch der Kreislauf leidet. Dieser Salbeiwein wird aus einem trockenen Rot- oder Weißwein, Salbeiblüten und Rosmarin hergestellt. Ich mache mir bei der Rezeptur die Heilwirkung des Salbeis zu nutze. Er wirkt schweißreduzierend und kräftigend. Er stärkt den Kreislauf durch ätherische Öle und Kampfer, was dadurch verstärkt wird, daß ich Rosmarin zugebe. Salbeiwein schmeckt am besten als Schorle mit leicht gekühltem Mineralwasser.

Kein Hexengeheimnis ist seine Herstellung. In eine Flasche mit einem halben Liter Inhalt gebe ich fünf Zweige Salbeiblüten und einen Zweig Rosmarin. Das Ganze wird mit Wein aufgegossen und zwei Wochen ins Helle gestellt. Die Fensterbank ist ein idealer Ort, die Flasche wirkt sehr dekorativ. Danach wird der Inhalt gründlich filtriert und in die Flasche zurückgefüllt.

Nach Anbruch sollte die Flasche nicht sofort (auch wenn es noch so gut tut), aber innerhalb einer Woche verbraucht werden, da der Wohlgeschmack sonst verloren geht.

Salbeiwein darf nicht während Schwangerschaft und Stillzeit genossen werden.

Hexenelixiere

Eine ganze Reihe überlieferter Rezepturen für Elixiere läßt den Schluß zu, daß diese wohl eine der beliebtesten Zubereitungsarten war, was sich leicht erklären läßt, wenn man davon ausgeht, daß der Alkohol in Form von Wein oder Schnaps wichtigster Bestandteil war (und heute noch ist). Die Herstellung einer solchen Spezialität habe ich bereits ausführlich beschrieben.

Wenn man ein Elixier aus Wein und Kräutern herstellen möchte, sollte man eines ganz besonders beachten: Weinzu-

2. Mit gutem Rotwein auffüllen (ganz links). 3. Verkorken, wie auf Seite 79 gezeigt (links).

bereitungen müssen in jedem Fall sehr sauber filtriert werden, das heißt klar und ohne die geringsten Rückstände. Nur so ist die Haltbarkeit gewährleistet. Verunreinigter Wein »kippt um«, wie man zu sagen pflegt. Auch sollte ein Weinelixier nach Anbruch nach und nach verbraucht werden, da ansonsten Geschmack und Wirkung verloren gehen.

Auf dieser Doppelseite sind vier Elixiere abgebildet, die allesamt aus der Kräuterhexenküche stammen: Schafgarben-Rosmarin-, Hagebutten-Weißdorn-, Holunder-Elixier und eines aus milden Kräutern (ohne Bitterkräuter).

Es handelt sich bei allen um Heiltränke auf Schnapsbasis, die die Eigenschaft besitzen, wesentlich länger haltbar und wirksam zu sein und auch im Anbruch längere Zeit stehen bleiben können, ohne daß sie ihre Wirkung verlieren. Ich verwende als Basis sehr gerne Obstschnaps aus der hiesigen Gegend mit einem Alkoholgehalt von mindestens 40 Prozent. Am besten eignet sich ein Apfel-Birnen-Brand,

Auf dieser Doppelseite sehen Sie vier Elixiere aus meiner Kräuterhexenküche: Schafgarben-Rosmarin-Elixier (oben) wirkt anregend und kreislaufstärkend.

SCHAFGARBEN-ROSMARINELIXIER

Für 1 l Schafgarben-Rosmarin-Elixier nehme ich 5 Schafgarbenstiele mit Blättern und Blüten und 2 Zweige Rosmarin. Diese stecke ich in eine helle Flasche und gieße mit klarem Obstschnaps auf. Nach 14 Tagen ist der Auszug beendet, und es wird abfiltriert.

HAGEBUTTEN-WEIßDORNELIXIER

1 l Hagebutten-Weißdorn-Elixier entsteht aus 200 g sehr reifen Hagebutten und 100 g Weißdornfrüchten, die ebenfalls in einer Flasche mit klarem Schnaps im Hellen ausgezogen werden.

Hagebutten-Weißdorn-Elixier (rechts) zur Herzstärkung

Holunder-Elixier (links), um die Abwehrkräfte des Körpers zu aktivieren oder in der Rekonvaleszenz

da sich dieser sehr gut mit dem Aroma der eingelegten Kräuter ergänzt. Steinobstbrände, wie Kirsche oder Zwetsche, haben einen zu starken Eigencharakter und verhindern dadurch eine harmonische Mischung.

Zum Süßen verwende ich bei den meisten Elixieren Kandiszucker, Rohrzucker oder Akazienhonig (im Handel erhältlich). Diese Zutaten werden immer erst nach dem Filtrieren zugesetzt. Der Kräuterauszug muß im Hellen stattfinden. Ob man danach diese Art des Elixiers filtriert oder aus optischen Gründen die Kräuter darin beläßt, ist nebensächlich, da ein Schnapselixier ein natürliches Konservat darstellt, und daher beides möglich ist.

HOLUNDERELIXIER

Holunder-Elixier ist eine etwas aufwendigere Zubereitung. Bereits im Sommer werden für 1 l Elixier 5 Holunderblütenstände getrocknet. Jetzt im Herbst gebe ich 300 g abgezupfte Holunderbeeren in eine Flasche mit 1,5 l Fassungsvermögen. Die Blütenstände werden mit 1 Stange Zimt, 3 Sternanis und 20 g Kardamomkapseln zu den Beeren gegeben. Nach dem Aufgießen mit Schnaps muß dieser Ansatz mindestens vier Wochen reifen, bevor er abfiltriert und gesüßt wird.

MILDER KRÄUTERLIKÖR

Einfacher ist die Herstellung eines milden Kräuterlikörs. 10 verschiedene Heilkräuterzweige, wie Melisse, Minzen, Estragon, Basilikum, werden mit 1 l Schnaps ausgezogen. Es ist darauf zu achten, daß sich keine Bitterkräuter darunter befinden. Ein Zusatz von 10 g Anis oder Fenchel ergänzt das milde Aroma.

Ein Elixier aus milden Kräutern zur Verdauungsförderung

Der Spätherbst

Der Spätherbst kommt über Nacht. Er wird eher als Stimmung empfunden und nicht als Jahreszeit. Spätherbst ist es dann geworden, wenn nach dem quicklebendigen Sommer und dem Herbst mit seiner intensiven Farbenpracht das Bedürfnis nach Ruhe folgt. Zu ihm gehört ein Innehalten, ein Durchatmen in einer Naturlandschaft, die sich wie der Mensch zur Ruhe begibt.

Mit Fichtenzapfen lassen sich besonders schöne „Arrangements" zaubern.

Aus dem Hexentagebuch

Der Spätherbst ist eine Jahreszeit, in der ich meine letzten Hexentränke aus frischen Bitterkräutern ansetzen kann. Nach drei Tagen leichten Frosts haben sich auch Wermut und Weinraute für dieses Jahr verabschiedet. Nun gilt es, sich für die anstehende Adventszeit zu rüsten. Auf Spaziergängen sammle ich Zapfen und Moos für meine Adventsfloristik. Häufige Fahrten mit Schnittgut aus meinen Gärten führen mich jetzt zum Häckselplatz, der von der Gemeindeverwaltung am Ortsrand eingerichtet wurde. Das dort angelieferte Schnittgut wird von einem Großhäcksler zerkleinert und kann anschließend als fertiges Mulchmaterial kostenlos abgeholt werden.

Für meine spätherbstlichen und winterlichen Vorhaben bedeutet der Besuch auf dem Häckselplatz allerdings noch ein zweites, nämlich schneller zu sein als die Häckselmaschine! Ein solcher Platz bietet jede Menge Wintergrün in Form von Edeltannen, Zypressen, Eiben, Efeu, moosbewachsenen Obstbaumzweigen, an denen manchmal, wenn man Glück hat, auch noch eine Mistel haftet. Birken-, Weiden- und Haselnußruten sammle ich dort für Kränze und „Besen". Jetzt im Spätherbst ist die Zeit für Türkränze aus verschiedenen Koniferenzweigen, Früchten und getrockneten Blüten und Samenständen.

Das alles finde ich auf dem Häckselplatz und noch jede Menge Menschen mit den gleichen Absichten. Man unterhält sich über Qualität und Auswahl der vorgefundenen Gartenschätze, wofür man sie verwenden kann, und wenn ich als „schwache" Frau einen Ast aus der hinteren Reihe für meine Schaufenster- und Ladendekoration benötige, findet sich oft ein hilfsbereiter Mann mit einer Axt in der Hand, damit ich diesen Ast auch bekomme. Kopfschüttelnd oder vielleicht auch bewundernd wendet er sich anschließend wieder seiner eigentlichen Tätigkeit zu und bereitet Brennholz auf. Der Häckselplatz ist nicht nur ein Ort der Entsorgung.

Mit meinen Schätzen fahre ich zunächst einmal zurück zu meinem Hexenhaus und sortiere dort meine Mitbringsel nach Größe und Verwendbarkeit. Ein Teil der Koniferen wird für die Winterdekoration der Fensterkästen und für den Winterschutz in meinen Kräutergärten beiseite gelegt. Der Rest bleibt für die Verarbeitung zu Kränzen, Girlanden und Gebinden übrig. Nun wird aus der Ruhe wieder Aktivität und anstrengende Arbeit. Es ist jedes Jahr dasselbe. Wenn sich die meisten Menschen meiner Umgebung nach getaner Feld- und Weinbergsarbeit auf den gemütlichen Teil des Jahres einstellen und sich zurücklehnen, muß ich mich auf neue Höchstleistungen einstellen. Wie war das noch mit dem Spazierengehen . . .? Manchmal braucht man wirklich einen Hexenhut, gerade in dieser Jahreszeit.

Ein Türkranz aus Hexenhand mit allerlei Früchten und Zweigen aus der herbstlichen Natur

Kein bißchen gewöhnlich, aber echt: mein Hexenhut

Im Spätherbst werden allerlei Wurzeln geerntet, hier die Baldrianwurzel. Sie hat jetzt den höchsten Wirkstoffgehalt.

Arbeiten im Hexengarten

Vorbereitungen für den kommenden Winter prägen das Bild des Spätherbstes im Hexengarten. Die zu verrichtenden Arbeiten, die sich im wesentlichen nicht sehr von denen der anderen Gärtner unterscheiden, bestehen daraus, Winterschutz aus Tannenreisig oder Holzwolle an denjenigen Pflanzen anzubringen, die in unseren Breiten als nicht winterhart einzustufen sind. Dazu gehören unter anderem Rosmarin, Thymian, junger Salbei, neugepflanzte Weinraute, manche Rosensorten und die Eberraute. Um ganz sicher zu gehen, ist es ratsam, einen Teil dieser Pflanzen im Haus zu überwintern.

Es wird immer wieder empfohlen, Rosen und Gehölze im Herbst oder Spätherbst zu pflanzen. Zumindest, was die Rosen betrifft, ziehe ich jedoch die Frühjahrspflanzung vor. Ein gutes Anwachsen ist dann besser möglich.

Zwiebelblumen und die vielen Frühjahrsblüher können noch bis zum ersten Frost gepflanzt werden. Je später ich sie der Erde anvertraue, um so später wird aber auch die Blüte stattfinden. Ich ziehe daher einen früheren Zeitpunkt vor, zum Beispiel ab September.

Die letzte ordnende Tätigkeit im Kräutergarten ist das Unkrautjäten in den Beeten und auf den Wegen, denn im Frühjahr verbreiten sich die ungeliebten „Begleitkräuter" schneller als alle anderen Pflanzen. Daher ist es sinnvoll, bereits jetzt im Spätherbst vorzuarbeiten.

Was ich aber mit Sicherheit nicht tue, ist das Zurückschneiden der Kräuterstauden. Stehengebliebene Samenstände und verdorrte Zweige dienen einer Reihe Kleinlebewesen als Überwinterungswohnung. Aus diesem Grund fege ich auch Laub und abgebrochene Zweige in eine Ecke oder unter einem Strauch zusammen, um auf diese Weise zweifachen Winterschutz anzubieten. Erstens für die Pflanzen selbst und zweitens für Gäste aus dem Tierreich. Aber auch Lavendel, Salbei und Co. benötigen ihre oberirdischen Triebe, um über den Winter zu kommen. Kräuterrückschnitt ist eine Arbeit für den Frühling!

Ernte der Wurzelkräuter

Der Spätherbst ist auch die Zeit der Wurzelkräuterernte. Löwenzahn-, Liebstöckel-, Beinwell- und Baldrianwurzeln werden jetzt ausgegraben. Dies ist darin begründet, weil die Pflanze mit der Wurzel überwintert. Im Herbst beginnen sich die oberirdischen Pflanzenteile zurückzuziehen, das heißt, alle wichtigen Inhaltsstoffe, wie Vitamine und Mineralstoffe, werden in die Wurzel „zurückgegeben", um diese zu stärken. Kraut und Blätter sterben dann ab. Da dieses je nach Witterung sehr schnell gehen kann, ist es sinnvoll, Wurzelkräuter bereits im Spätsommer irgendwie zu markieren.

Löwenzahnwurzel für die Leber-Galle-Therapie, Liebstöckelwurzel gegen Wasseransammlungen und Blasen-Nieren-Infekte, Beinwellwurzel gegen Verstauchungen und Verletzungen und nicht zuletzt Baldrianwurzel für unsere Nerven besitzen im Spätherbst die größte Heilwirkung.

Heilkräftiger Baldrian

Valeriana officinalis, auch Mondwurzel und Katzenkraut genannt, ist eine weit verbreitete einheimische Staude und meistens an Waldrändern zu finden. Die beruhigende und entspannende Wirkung des Baldrians haben die meisten unter uns bereits kennengelernt. Auch der Geruch des Baldrians, von Katzen über alles geliebt, ist vielen Menschen bekannt. Das Aroma entsteht aber erst bei der Trocknung der Wurzel. Nach dem Ausgraben werden sie unter fließendem Wasser gereinigt und dann zum Trocknen der Oberfläche ausgelegt. Sie werden noch im frischen Zustand kleingeschnitten und an einem warmen Ort fertig getrocknet. Das Zerkleinern im Frischezustand ist wesentlich einfacher als später, da hart ausgetrocknete Wurzeln aufgrund ihrer Konsistenz sehr schwer zu schneiden sind. Natürlich sollte das Trocknen von Baldrian „katzensicher" durchgeführt werden.

Die Wirkung auf diese Haustiere habe ich zweimal sehr deutlich zu spüren bekommen. Beim erstenmal geschah es während meiner Ausbildung zur Apothekenhelferin. Zur Abschlußprüfung gehörte das Anlegen eines sogenannten Drogenheftes. In dieses wurde von allen gängigen Arzneidrogen (Kräutern), die in der Apotheke geführt werden, kleine Probenbeutel eingeklebt und beschriftet. In meinem Drogenheft befand sich auch ein Beutelchen mit Baldrian, bis zu jenem Tag, an dem diese Hefte zur Korrektur eingesammelt wurden. Eine völlig verstört dreinblickende und sich entschuldigende Lehrerin gab mir Tage später mein Heft zurück. Der ganze Heftstapel wurde in ihrem Arbeitszimmer von ihrer wildgewordenen Katze durcheinander geschleudert, bis jene das Objekt ihrer Begierde, nämlich meine Baldrianprobe, gefunden, mit einem Kratzer aus meinen Drogenheft herausgerissen und verspeist hatte.

Meine zweite Erfahrung mit Katzen und Baldrian machte ich Jahre später in meinem ersten Kräutergarten. Ich hatte den Fehler begangen, eine Baldrianstaude am Hang anzupflanzen, ohne dabei darauf zu achten, daß ein Teil der Wurzeln nicht mit Erde bedeckt war. Nach einem warmen Tag sah ich plötzlich, zwei Katzen aus der Nachbarschaft miteinander zanken und wie verrückt Erde scharren. Ich stürzte aus dem Haus, konnte aber beide nur mit Mühe verscheuchen. Ich ahnte es schon, das ganze Ausmaß ihres Tuns tat sich vor mir auf: meine Baldrianstaude war ausgegraben und bis auf einen jämmerlichen Rest verschwunden. Seither pflanze ich Baldrian nur noch katzensicher.

Blüte des Arznei-Baldrians

Wurzeln des Arznei-Baldrians

Schlehenfrüchte werden erst geerntet, wenn der erste Frost darüber gegangen ist (unten). Walnüsse werden im Spätherbst geerntet und für den Wintervorrat getrocknet (ganz unten).

Wichtige Pflanzen im Spätherbst

Zu den „Kräutern" im Spätherbst, wobei ich das Wort Kräuter absichtlich in Anführungszeichen setze, gehören auch Schlehen, Walnuß, Salbei und Zitronenstrauch. Aus dieser Aufzählung ergibt sich bereits, warum das Wort Kräuter hier nur bedingt richtig ist, denn es handelt sich um Baum, Strauch, Frucht und Kraut.

Walnuß *(Juglans regia)*

Die Nüsse sind jetzt gefallen und getrocknet, so daß sie für den Wintervorrat und natürlich auch für den Nikolaussack verfügbar sind. Die köstlichen Früchte liefern uns neben ihrem Fettgehalt, der vor der Kälte des Winters schützt, die fettlöslichen B-Gruppe-Vitamine, eine hervorragende Nervennahrung. Dem sogenannten Zwischenhäutchen werden herzstärkende Wirkungen nachgesagt. Die grüne Schale der Nuß, die sich beim Trocknen dunkelbraun bis schwarz verfärbt, wurde schon zu Zeiten der Römer vor allem zum Färben der Haare verwendet. Auch heutige Tönungsmittel auf natürlicher Basis werden aus Walnußschale hergestellt.

Wird die ganze Frucht am längsten Tag des Jahres, dem 21. Juni, geerntet und kleingeschnitten, ergibt dies, entsprechend angesetzt, einen wohlschmeckenden, tiefbraunen Nußlikör.

Die Blätter des Walnußbaumes nimmt man gerne als Abwehrmittel gegen lästige Insekten. Diese werden durch den Duft der Walnußblätter, den ich übrigens als sehr angenehm empfinde, vertrieben.

Schlehe *(Prunus spinosa)*

Die Schlehe ist eine einheimische Heckenpflanze. Die länglich-kugeligen, schwarz-blau bereiften Früchte werden nach dem ersten Frost gesammelt. Das sehr säuerlich schmeckende und adstringierende Fruchtfleisch wurde durch die Frosteinwirkung etwas gemildert, ein Genuß „pur" ist dennoch nur etwas für Hartgesottene.

Die Schlehenfrüchte werden zu Schlehenursaft weiterverarbeitet, ein überaus wirksames Stärkungsmittel in der Rekonvaleszenz. Weitere Produkte sind der Schlehengelee und, nicht zu vergessen, die angenehmste Spezialität für kalte Wintertage, der Schlehenlikör.

An dieser Stelle möchte ich noch zwei Pflanzen vorstellen, die keine Herbstkräuter im eigentlichen Sinne darstellen, da sie das ganze Jahr über geerntet werden können.

Echter Salbei *(Salvia officinalis)*

Der Echte Salbei ist ein Strauch aus dem Mittelmeergebiet und muß bei uns im Garten als Pflanze kultiviert werden, da

Gegen Husten, Schnupfen und Heiserkeit wirkt der Salbei (ganz links).

Der Zitronenstrauch, eine Kübelpflanze, mit traumhaftem Zitronenaroma (links)

die Samen in unserem Klima nicht ausreifen. „Salvare" heißt heilen, retten, womit der Glaube an die Heilkraft der Pflanze ausgedrückt wird. Deshalb durfte Salbei von altersher als lebenswichtiges Kraut in keinem Kräutergarten fehlen. Er wurde schon immer als Tonikum gegen Erkältungen, Fieber, Epilepsie, Cholera, Verstopfung und sogar gegen Schlangenbisse verwendet. Von seiner schweißreduzierenden Wirkung habe ich bereits bei der Schilderung der Zubereitung des Salbeiweines berichtet.

Auch bei Depressionen, Anämie, Examensstreß, Menstruationsbeschwerden, Fieber, Rheuma und Migräne wird Salbeitee empfohlen, ebenso wie als Stimulans für Nerven und Kreislauf. Mit ätherischem Salbeiöl werden Krankenzimmer „ausgeräuchert". Wesentlich und allseits bekannter ist Salbei als Gurgelmittel bei Halsschmerzen. In der Küche verwende ich ihn als Gewürz und Verdauungshilfe für fette Fleisch- und Fischgerichte.

Zitronenstrauch *(Aloysia triphylla, syn. A. citriodora)*

Der Zitronenstrauch ist ein stark nach Zitrone duftendes, hoch aufragendes Gewächs. Er hat mit dem Zitronenbaum überhaupt nichts zu tun, und seine Früchte sind auch keine Zitronen. Die Blätter werden im Sommer und Herbst geerntet. Er überwintert kahl als Kübelpflanze im Wintergarten. Diese mit einem traumhaften Zitronenaroma versehenen Blätter verwende ich, so oft es geht, als Tee, Geleezugabe, für Elixiere und natürlich in der Potpourrimischung „Zitrone". In Frankreich ist der Zitronenstrauch unter der Bezeichnung „Verbene" bekannt, den deutschen Namen „wohlriechendes Eisenkraut" finde ich persönlich als etwas irreführend.

Und auch zweifarbig gibt es ihn, den Salbei.

Aus Hexenküche und -labor: Brot, Salz, Likör

Mein Hexenbrot mit Kräuterfüllung

In meiner Hexenküche habe ich Brot gebacken und, wie Sie auf dem Bild erkennen können, scheinbar ein ganz besonders leckeres. Es ist ein Kräuterbrot aus viererlei Mehl mit einer Kräuterfüllung. Brot, das älteste zubereitete Grundnahrungsmittel mit den tausend Rezepten! In nächster Umgebung meines Wohnortes wurde ein Verein für experimentelle Archäologie und Heimatkunde gegründet. Die Gruppe bäckt auch Fladenbrot nach Art der Steinzeitfrau.

Jedes Land und Volk hat seine eigenen Brotrezepte, und wie auch immer das Endprodukt heißen mag, Mehl und Wasser sind immer die Hauptbestandteile. Zusätze, wie Sauerteig, Hefe, Backpulver, Butter, Zucker und Salz sowie Kräuter und Gewürze, machen dann den Unterschied zwischen den einzelnen aus. Süße, pikante, würzige und neutral schmeckende Brotsorten werden speziell für verschiedene Anlässe gereicht, so zum Beispiel Osterbrot, Fastnachtsbrot, Advents- oder Weihnachtsbrot. Auch Kuchen und Torten haben einmal als Brot angefangen.

Was die Kräuterhexe unter oder in den Teig mischt, hängt davon ab, wie man das fertige Brot später genießen möchte. Mit oder ohne Belag, zu Kaffee, Tee, Bier, Wein oder Wasser, grundsätzlich paßt ein gutes Brot zu allem, was sonst noch auf den Tisch

Brot, das älteste zubereitete Grundnahrungsmittel mit tausend Rezepten – hier eines von der Kräuterhexe

kommt. Man nehme das Wort Tisch nicht allzu wörtlich, denn auch ein Picknickkorb, ein Rucksack, eine Schultasche oder die Ablage im Auto oder Reisezug kann man als solchen bezeichnen. Brot begleitet uns auf allen Wegen, wenn es denn sein muß, auch in den Kerker, wie der Strafvollzug früherer Zeiten beweist. Was wäre die Kirche ohne Brot? Das wichtigste Requisit des Neuen Testaments würde fehlen.

Ebenso wie die Zahl der Brotrezepte dem biblischen Zitat von den Sandkörnern gleicht, so sind auch die Brotformen schlecht in Zahlen auszudrücken. In jeder Bäckerei die genau gleichen Brotsorten zu bekommen, hat schon etwas Ungemütliches an sich, schon deshalb, weil die Zahl der Allergiker und Darmpilzgeschädigten weiterhin zunimmt. Eine Erkenntnis, die sich in der Zwischenzeit auch bei den Bäckerinnungen herumgesprochen hat. Mit einer sehr intensiven Aufklärungskampagne will man aber das Problem aus der Welt schaffen. Nun ja, möge es ihnen gelingen, auch ich kaufe mein Brot beim Bäcker, jedoch nicht bei jedem x-beliebigen. Viel lieber würde ich mein Brot selbst backen, und wenn ich es einmal tue, so hat es – bedingt durch meinen ausgebuchten Hexenarbeitsplan – schon den Hauch von Luxus an sich. Ich achte dann sehr darauf, daß ein solches Brot auch mit Würde und Anstand gegessen wird.

Kräuterpasten, wie auf Seite 97 beschrieben, eignen sich hervorragend für die Brotbäckerei. Auch Kräuterbrötchen können auf diese Art und Weise hergestellt werden. Die Fettmenge für den Teig im Grundrezept muß um den Kräuterpastenanteil reduziert werden.

Kräuterbrot selbst backen

Das Brot, das auf dieser Seite gezeigt wird, ist eine derartige Delikatesse aus dem eigenen Backofen. Es besteht aus vier Mehlsorten: 1 Tasse Maismehl, je 2 Tassen Roggenmehl, Weizenmehl und Dinkelmehl.

Aus dieser Mischung stelle ich mit 1 Würfel frischer Hefe, 1/2 Tasse Wasser und 1 Prise Zucker einen Brotteig her. Nach dem Gehen des Teiges rühre ich 4 Eßl. Olivenöl ein. Der Teig wird 2 cm stark auf dem Backbrett ausgerollt. Mit einer Kräuterpaste (siehe Seite 96/97) rolle ich ihn wieder zusammen und backe ihn anschließend im vorgewärmten Backofen bei 200 °C 20 bis 25 Minuten aus. Die „Klopfprobe" muß hohl klingen, dann ist das Brot fertig.

Mein Kräutersalz ist mehr als das Salz in der Suppe.

Feines Kräutersalz

Brot und Salz sind Symbole des Glücks für Haus, Hof und Bewohner. Es gibt auch heute noch Menschen, die zum Einzug in ein neues Heim diese beiden Grundnahrungsmittel – manchmal sogar eingeschlagen in ein selbst besticktes Brottuch – den neuen Besitzern überreichen. Ich finde, daß dies ein schöner Brauch ist, verbindet man doch den Wunsch damit, daß Brot und Salz nie ausgehen mögen.

Salz zu haben und damit handeln zu können, bedeutete früher unbegrenzten Reichtum. Sehr beeindruckt hat mich mein Besuch des Hallstatter Salzbergwerkes, das immerhin auf eine Tradition von mindestens 4500 Jahren zurückschauen kann. Wie viele Menschen und Schicksale diese Arbeitsstätte in den dunklen Tiefen des Dachsteinmassivs gesehen hat, vermag man sich nicht vorzustellen.

Solch ein sagenumwobener und geschichtsträchtiger Stoff ist auch für eine Kräuterhexe Anlaß, damit zu experimentieren. So ist dann auch mein ganz spezielles Kräutersalz entstanden. Seine Mischung ist derart verhext, daß einige Menschen, die es einmal probiert haben, nie wieder ein anderes anrühren und total unglücklich sind, wenn ich mit der Produktion nicht so schnell nachkomme wie die Nachfrage ist.

Nun stellt sich natürlich jeder Interessierte die Frage, wie es zu solchen außerordentlichen Reaktionen kommen kann. Das Geheimnis liegt in der speziellen Hexenrezeptur der Kräutermischung und dem hohen Kräuteranteil pro Einheit Salz. Handelsübliche Kräutersalzmischungen haben im Höchstfall einen Kräuteranteil von neun Prozent, das heißt in 100 g Kräutersalz befinden sich 9 g Kräuter und 91 g Salz. Ich habe nun so lange herum experimentiert, bis es mir gelang, einen Kräuteranteil von 15 % zu erreichen, ohne daß die Qualität darunter leidet. Dies macht sich natürlich im Geschmack bemerkbar. Da der Salzgehalt dementsprechend geringer ist, wirkt sich das Ganze auch positiv auf die Gesundheit aus. Letzteres wird noch dadurch verstärkt, daß ich als Basis reines Meersalz mit seinem wertvollen Jodgehalt verwende.

Wer selbst einmal ein Kräutersalz herstellen möchte, benötigt dazu einen Porzellanmörser mit rauher Innenfläche (Haushaltswarenhandlung). 9 g getrocknete und zerkleinerte Kräuter, wie z. B. Majoran, Thymian und Basilikum, je nach Geschmack, werden mit 100 g Meersalz gut gemischt und portionsweise im Mörser verrieben, bis ein Pulver von einheitlicher Farbe entstanden ist.

Selbstgemachter Schlehenlikör

Wenn auch die Schlehenernte manchmal eine mühselige Angelegenheit ist, das Ergebnis lohnt dies allemal.

Wenn man nun davon ausgeht, daß eine Schlehenhecke zu den undurchdringlichsten ihrer Art gehört und oft sehr hoch ist, ist es leicht vorstellbar, wie anstrengend sich die Schlehenernte gestalten kann. Nicht umsonst hat man früher mit Hilfe dornenbewehrter Schlehenzweige und daraus gefertigten Kränzen Hexen und Dämonen vor dem Eindringen in Haus und Stall abgewehrt. Die Zweige und Kränze wurden über den Eingängen angebracht.

Mein Schlehenlikör sorgt im Winter für „Wärme von innen".

Eine Schlehenhecke hat zudem noch die besondere Eigenschaft an sich, daß sich die fruchttragenden Zweige im Inneren der Hecke befinden. Aus diesem Grund sollte man immer eine kräftige Heckenschere mitnehmen, um sich gegebenenfalls einen kleinen Weg in den Strauch bahnen zu können. Wer allerdings der Meinung ist, andere Leute würden genau so gut für ihn ernten und das wäre nur eine Sache des Geldes, der täuscht sich grundlegend. Er wird auf keinem Markt auch nur eine einzige Schlehenfrucht finden. Also bleibt auch einem solchen Zeitgenosssen nichts anderes übrig, als selbst Hand anzulegen – oder aber zu verzichten!

Ich gehe einmal davon aus, daß der Kräuter- und Wildbeerenfreund nicht verzichten will. So helfe ich ihm dabei, „seine" Ausbeute zu verarbeiten.

Die Schlehen werden zunächst gewaschen und mit einem alten Küchentuch etwas trocken gerieben. Zirka drei Pfund Schlehen werden in einem entsprechend großen Topf oder Einmachglas für 5 l mit kochendem Wasser soweit übergossen, daß sie gerade bedeckt sind. Diesen Ansatz läßt man über Nacht stehen. Durch die Wasseraufnahme sind die Schlehen am nächsten Morgen aufgeplatzt, besonders, wenn sie bei frostigem Wetter geerntet wurden. Auf diese Art entfällt das mühevolle Einstechen der Früchte.

Das Ganze wird nun ebenfalls mit drei Pfund Zucker – ich nehme braunen Kandis – vermischt und erneut über Nacht stehen gelassen, damit der Zucker sich auflösen kann. Am Folgetag gebe ich drei Stangen Zimt und eine aufgeschlitzte Vanilleschote dazu und fülle bis zum Rand des Behältnisses mit Alkohol auf. Welche Art Alkohol verwendet wird, ist reine Geschmackssache. Es gibt Rezepturen mit reinem, auf 40 % verdünntem Spiritus aus der Apotheke und solche mit Doppelkorn, Obstschnaps oder Cognac. Ich setze Schlehen-

Löwenzahnschnaps (ganz links) und Verbene-Minze-Likör (links)

likör grundsätzlich nur mit trockenem Gin an, denn das Aroma der Schlehen verbindet sich meiner Meinung nach optimal mit Gin.

Die zunächst klare Flüssigkeit verfärbt sich in den nächsten vier bis sechs Wochen Reifezeit in ein tiefes Karminrot und ist dann fertig und kann abfiltriert werden. In den kalten Wintermonaten sorgt mein Schlehenlikör so für die „Wärme von innen". Die abfiltrierten Schlehenfrüchte sind jetzt nicht mehr so herb und schmecken hervorragend in Bratensoßen oder als Zugabe zu Desserts.

Alkoholische Heiltränke

Auf dieser Seite wurden noch drei andere alkoholische Spezialitäten aus dem Hexenlabor bildlich festgehalten. Diese sind jedoch in Ernte und Herstellung wesentlich einfacher.

Der „milde Kräuter" in der Vierkantflasche besteht aus einem Ansatz aus je 3 Stengel Estragon, Minzen, Salbei und Purpurfenchel pro 1/2 l. Als Gewürzzugabe habe ich pro 1/2 l noch 5 Kardamomkapseln, 5 Pimentfrüchte und 1 Stange Zimt mit angesetzt.

An Alkohol verwende ich einen Kräuterbrand, bei welchem Anis, Fenchel und Pomeranzenschale bereits mitdestilliert wurden. Der ganze Ansatz wird vier Wochen im Hellen ausgezogen und ohne Zugabe von Zucker in Flaschen abgefüllt.

In der Kolbenflasche befindet sich Löwenzahnschnaps, der, als Aperitif gereicht, unsere Leber und Galle dazu veranlaßt, ihre Tätigkeit aufzunehmen. Sie sollen die Fettbestandteile unserer Nahrung zerlegen. Auf diese Art und Weise können Verdauungsstörungen, die durch verminderte Gallensekretion auftreten können, vermieden werden. Die Leber sollte allerdings, wie bei allen alkoholischen Tränken, gesund und funktionstüchtig sein.

Ich nenne ihn „milde Kräuter", er wird mit allerlei Kräutern und Gewürzen angesetzt.

In die kleine Rillenflasche habe ich ein Tränklein für „zwischendurch" gefüllt: Verbene-Minze-Likör aus Apfelminze und der bereits beschriebenen Verbene. 1/2 l Obstler (mindestens 38 %igen) wird mit 2 Eßl. braunem Kandis, 10 g Verbenenblättern und 3 Stengeln Apfelminze angesetzt.

Aus der Hexenwerkstatt: Kürbis-Dekorationen

Sie sehen hier nun eine spätherbstliche Dekoration nach Art der Kräuterhexe, wie ich sie mir für die Stimmung in dieser Jahreszeit nicht besser vorstellen kann. Ich finde, dieser „Altar" strahlt genau die Wärme, Behaglichkeit und das Licht aus, wonach man sich in der bereits überwiegend dunklen, tristen, kalten und von den letzten Herbststürmen durchwehten Jahreszeit sehnt. Wenn dann der letzte nächtliche Herbstwind urplötzlich verstummt und uns der neue Morgen in winterlichem Weiß begrüßt, wird die Leuchtkraft und Wärme der Kerzen als besonders angenehm empfunden.

Für diese Dekoration habe ich einen großen Gemüsekürbis mit mehreren kleinen in Farbe und Oberfläche sehr interessanten Zierkürbissen kombiniert. Die Zierkürbisse wurden zum Teil zu Kerzenständern umfunktioniert und mit Bienenwachskerzen bestückt. Zwei Kerzen, die nach Zimt und Sandelholz duften, ergänzen das Lichtersortiment.

Zum Schluß bin ich einmal um mein Haus herumgegangen und habe Efeu, Hagebutten, Herbstlaub, Kastanien, Äpfel und Nüsse gesammelt. Diese symbolisieren sehr schön die herbstliche Stimmung in der Natur. Der strahlende, braune „Mini-Geist" wurde aus einer Kartoffel kreiert, in die ich ein Gesicht geschnitzt habe, das anschließend mit Kaffeemehl „sichtbar" gemacht wurde. Den verbleibenden Inhalt des Gemüsekürbisses habe ich nach Fertigstellung meiner Dekoration zu einer lecker schmeckenden Suppe mit einer Einlage aus Räucherlachsstreifen und in Knoblauchbutter gerösteten Weißbrotwürfeln verwandelt – und verspeist.

Etwas, was nicht nur Kinderherzen höher schlagen läßt

Salben und Cremes

Die Zahl derjenigen Menschen, die auf bestimmte Inhaltsstoffe in Cremes und Salben allergische Reaktionen bekommen, nimmt ständig zu. Für experimentierfreudige und gesundheitsorientierte Hausfrauen und Mütter, aber auch für pickelgeplagte Teenies und Singles liegt daher der Gedanke nahe, solche Heil- und Pflegeprodukte selbst herzustellen und damit sicher zu gehen, daß jegliche Art Parfüm, Farb- und Konservierungsstoffe ausgesperrt werden.

Mit dem Salbenrühren verhält es sich ähnlich wie mit der Herstellung eines richtig guten Hefezopfes; es gehört Erfahrung dazu. Einige physikalisch-chemische Grundkenntnisse sind ebenfalls von Vorteil, wenn das Ergebnis der Rührerei nicht frustrierend ausfallen soll. Ein mehrjähriges Studium der pharmazeutischen Technologie, Galenik genannt, ist allerdings nicht unbedingt notwendig, aber sehr hilfreich, wenn Spitzenqualität erzeugt werden soll.

Ringelblumencreme nach Hexenart

Ich möchte den Probierlustigen nicht entmutigen und zeige deshalb auf dieser Seite die Herstellung einer Ringelblumencreme nach Kräuterhexenart. An Zutaten benötige ich: 15 g Bienenwachsrotuli, 75 g wasserfreies Wollfett, 120 g Rosenwasser, 150 g Ringelblumenöl und zwei Tropfen ätherisches Duftgeranienöl. Das Endprodukt ist eine sogenannte Emulsion auf Fett-Wasser-Basis mit dem Vorteil, daß sie im Gegensatz zu einer reinen Fettcreme auch die tieferliegenden Hautschichten mit ihrer Heilwirkung erreichen kann. Denn dieses ist nur mit Wasser möglich.

Wer diese Creme anwendet, glänzt auch nicht wie eine „Speckschwarte", da eine Emulsion ganz in die Haut eindringt. Meiner Meinung nach ist dies ein ganz großer Vorteil im Gegensatz zu so manchen merkwürdigen Rezepturen mit Vaseline, Melkfett oder gar Schweineschmalz. Durch die Verwendung von Ringelblumenöl werden außerdem die oft als störend empfundenen Pflanzenteile der Ringelblume ferngehalten, wie sie in manchen Rezepturen schon beobachtet wurden.

Und so wird sie hergestellt

In meiner Salbenschale schmelze ich über einem Wasserbad zunächst das Bienenwachs und Wollfett. Wenn alle Bestandteile zu einer goldgelben und transparenten Flüssigkeit geschmolzen sind, lasse ich das Ganze etwas abkühlen, ohne daß das Wachs allerdings wieder fest zu werden droht. In dieser Zeit erwärme ich das Ringelblumenöl leicht und rühre es dann unter das flüssige Fett-Wachs-Gemisch, bis es sich gleichmäßig darin verteilt hat.

Jetzt beginnt der Widerspruch! Wasser und Fett lassen sich nicht mischen – ein physikalisches Dogma. Das ist grundsätzlich richtig, aber wer chemisch etwas bewandert ist, weiß, daß sogenannte Emulgatoren diese Verbindung trotzdem

Ringelblumencreme selbst herstellen 1. Das alles wird gebraucht (rechts). 2. Alle Zutaten werden – wie im Text beschrieben – geschmolzen (Mitte rechts). 3. Wichtig ist das gute Einrühren des Rosenwassers in das flüssige Fett-Wachs-Gemisch (ganz rechts).

Ringelblumencreme nach Kräuterhexenart – probieren Sie die Herstellung einmal selbst.

zulassen. Solche natürlichen Emulgatoren findet man in der chemischen Zusammensetzung des Wollfettes, das übrigens tatsächlich aus dem Waschwasser der Schafwolle gewonnen wird. Sie machen es mir auf diese Art möglich, das Rosenwasser tropfenweise in die Fettgrundlage einzuarbeiten. Das ist handwerklich, das bedeutet Energie, und diese kommt aus meinem Arm – ich muß rühren.

Die Verbindung Öl-Wasser steht, wenn die Emulsion „knackt", wie der Fachmann sagt. Das heißt, daß sich nun Öl und Wasser nicht mehr trennen. Die anfänglich goldgelbe, klare Flüssigkeit hat sich in eine gelbe undurchsichtige Creme verwandelt.

Ganz zum Schluß gebe ich zu dieser bereits durch das Rosenwasser duftenden Creme die zwei Tropfen Duftgeranienöl zu, um die ganze Spezialität abzurunden. Manchmal nehme ich statt Geranienöl auch Ingweröl.

Diese Creme eignet sich vorzüglich für die Behandlung extrem trockener und aufspringender Haut. Viele Frauen haben die positive Wirkung der Ringelblumencreme erkannt und verwenden sie deshalb auch als kosmetische Tagescreme.

Der Winter

Der Winter kommt über Nacht, er hat ähnliche Charakterzüge wie der Spätherbst. Abends, bei meinem letzten Kontrollblick vor die Haustüre, bemerke ich kleine, nicht sehr dicht fallende Schneeflocken. Heute mittag waren sie noch Regen und Graupel. Am nächsten Morgen wird alles durch den liegengebliebenen Schnee etwas heller erscheinen. Es ist Winter!

Aus dem Hexentagebuch

Eine schnurrende Katze hinter dem knisternden Ofen in der warmen Stube, draußen alles tief verschneit, eine Idylle, die einem wohlige Schauder über den Rücken laufen läßt. Dieses Bild entspricht genau den Idealvorstellungen vom Winter auf dem Lande. Um es gleich vorweg zu schicken, ich habe keine Katze und schon gar keine schwarze. Ich sage das, weil ich immer wieder danach gefragt werde. Das Klischee von der Hexe sitzt doch noch sehr tief, wie ich meine. Aber: „Mißtraue der Idylle!" Ein sehr wahres Wort von André Heller. Ich halte deshalb keine Katze, weil ich keine brauche, weder um Mäuse zu jagen, noch um sie nächtens in irgendwelche Gespielen zu verwandeln. Ich mag es auch nicht, überall mit den Haaren der „sauberen" Wohnungskatzen konfrontiert zu werden.

Ich weiß, jetzt habe ich es mit allen Katzenfreunden verscherzt, aber das ist eben dasselbe wie mit dem Knoblauch. Es ist ja bei weitem nicht so, daß ich in einer „katzenfreien Zone" lebe. Sämtliche Nachbarskatzen statten mir tägliche und nächtliche Besuche ab. Manche mögen mich anscheinend besonders und bringen mir Gastgeschenke in Form toter Mäuse und Vögel mit, die sie dann vor meiner Terrassentür ablegen. Speziell die Kater meinen dann, sie müßten mir ihre Männlichkeit beweisen, indem sie ihre „Duftmarken" setzen.

Sie sehen also, ich brauche wirklich keine eigene Katze.

Jetzt im Winter wird es aber auch ohne Katze im Hexenhaus gemütlich, denn der Kaminofen ist sehr wohl vorhanden und wird in den nächsten Wochen und Monaten mit seinem knisternden Feuer die Stube erwärmen.

Zu Beginn des Winters stellt sich auch jedes Mal die Frage: Gibt es Schnee? Oder kann ich zum Geburtstag meiner Tochter, Ende Januar, Gänseblümchen und die blauen Blüten des Immergrüns pflücken? Das gab es alles schon. Ehrlich gesagt, hoffe ich dennoch eher auf eine Schneedecke, denn sie hat so etwas Beruhigendes an sich. Zum einen stellt sie das vielzitierte Bettuch für meine Pflanzen dar, die darunter vor strengen Frösten geschützt sind, zum anderen braucht man kein schlechtes Gewissen zu haben, wenn man sich einfach im Sessel zurücklehnt und den Garten sich selbst überläßt. Man sieht ja sowieso nichts.

Ein schwarzer Kater mit Buckel gilt als typischer Hexenbegleiter. Ich habe keinen derartigen Begleiter.

Ein Blick in mein Labor. Leider hat es bei der letzten Elixier-Herstellung nicht so ganz geklappt, und es gab eine kleinere Explosion, die Reste des kostbaren Flascheninhaltes sehen Sie links an der Wand.

Hexengeheimnisse

Zum Hexenklischee gehört auch eine Hexenküche, in der Zauber-, Heil-, Liebes- und Gifttränke gebraut werden. Was die Küche betrifft, entspreche ich der Vorstellung einer anständigen Hexe. Auch wird in dieser „Küche" einiges zusammengebraut, wobei ich mich von Zauber- und Gifttränken natürlich aufs heftigste distanziere. Unzählige Flaschen und Fläschchen, Trichter, Meßbecher, Schnüre, Korken, Siebe und eine stattliche Anzahl Gefäße mit den verschiedensten Mixturen in allerlei Farben befinden sich ebenfalls in diesem Raum.

Dennoch, irgend etwas stimmt da nicht. Aber was kann das sein? Die Lösung ist ganz einfach. Bei dieser Küche handelt es sich nicht um eine rußgeschwärzte niedere Räucherkammer mit einem Holzfeuer, auf dem ein Hexenkessel kocht, sondern um ein nach den Anforderungen des ausgehenden 20. Jahrhunderts eingerichtetes Labor. Wenn ich in dieses eintrete, verwandelt sich die Kräuterhexe aus dem Hexenladen und dem Kräutergarten zurück in eine nach den Vorschriften des Arzneibuches arbeitende Pharmazeutisch-technische Assistentin im weißen Arbeitsmantel, so wie es sich gehört. So etwas nennt man „Hexengeheimnis".

Gerade in den Wintermonaten verbringe ich die meiste meiner Arbeitszeit in meinem Labor, um meine Schätze zu filtrieren, abzufüllen und neue Elixiere anzusetzen sowie zu experimentieren.

Arbeiten im Hexengarten

Auf dieser Seite sehen Sie einen Garten im Winter, wie er für unsere Gegend typisch ist. Die Bezeichnung „typisch" bezieht sich hierbei nicht auf die Art der Gartenanlage, sondern vielmehr auf das winterliche Stimmungsbild. Hier im Kraichgau-Stromberg-Gebiet mit seinem relativ milden Weinbauklima ist der Winter eher feuchthaltend frostig als schneesicher. Aufgrund dieser Tatsache sehen Sie mich auch bei der winterlichen Kräuterernte. So alle acht bis zehn Jahre muß ich allerdings auch bei uns wegen starken Schneefalls und Frost aussetzen. Aber normalerweise können hier auch noch in gefrorenem Zustand Salbeiblätter für den Erkältungs- und Hustentee frisch geerntet werden.

Für meinen Wintersalat pflücke ich bei dieser Gelegenheit noch ein paar Blätter der Pimpinelle und einen kleinen Bund Weinbergslauch. Ich spüre zwar anschließend meine Fingerspitzen nicht mehr, aber für frische Kräuter nimmt man selbst das in Kauf.

Nach dieser „Winterernte" kontrolliere ich meinen Rosmarin und ob seine Reisigdecke noch dicht genug ist oder von Windstößen oder Tieren „ausgedünnt" wurde. Apropos Tiere, mein „großer" Kräutergarten ist Teil einer Streuobstwiese. Diese ist zwar von einem Zaun umgeben, aber Kleintieren aus Wald und Feld ist es dennoch möglich, dort einen Besuch abzustatten.

Im Winter ruht auch meine Kräuterspirale.

Ab und zu ernte ich auch im Winter – wenn es nötig ist. Hier schneide ich einige Blättchen Salbei, die ich dringend für meine Küche benötige.

Einige Winterkräuter

Im Winter, wenn alle Blüten verschwunden sind und die Laubbäume alle Blätter verloren haben, wird eine Pflanzenart wieder um so dankbarer beachtet: die Immergrünen. Erst jetzt sind die Mistelbüsche in den Baumkronen deutlich zu erkennen. Die Stechpalmen im Nordschwarzwald haben sich mit roten „Beeren" geschmückt, die Buchsbaumbüsche in meinem Garten und die Beeteinfassung aus Buchsbaum treten jetzt mit ihrer dunkelgrünen Belaubung besonders in den Vordergrund. Die Efeuranken an Bäumen und Mauern zeigen ihre blaugrünen Fruchtstände, sofern es sich um alte Efeupflanzen handelt. Diese Früchtezweige des Efeus haben übrigens damals, als ich als Januarbraut geheiratet habe, meinem Brautstrauß eine besondere Note gegeben.

Mein Rabe sitzt im Zitronenstrauch und hält das ganze Jahr über den Schnabel.

Die Mistel, eine alte Zauber- und Heilpflanze

Mistel *(Viscum album)*

Die Mistel, ein Halbparasit, wächst auf verschiedenen Baumarten. Es sind in der Hauptsache Laubbäume, wie Pappeln, Eichen oder Obstbäume. Die Mistel ist aufgrund ihres Wachstums ein altes Zauberkraut und wurde von den Druiden, den alten Priestern der Kelten, unter vielerlei Ritualen für die Neujahrsfeiern von den Eichen geschnitten. Die Misteln der Eichbäume hatten die größte Zauberkraft und wurden auch zum Brauen verschiedener Tränke benötigt. Man erntete sie mit goldenen Sicheln. Dabei durfte keine Pflanze die Erde berühren, denn das brachte Unglück.

Die „Beeren" der Mistel galten als Hexenabwehrmittel und wurden goldgefaßt als Amulett getragen. Wenn auch die Zahl der Mistelzweige, die zu Dekorationszwecken in der Weihnachtszeit an und über Haustüren angebracht werden, jährlich größer wird, als heidnisches Grün werden sie niemals eine Kirche schmücken.

Die Stechpalme empfehle ich nur zu Dekorationszwecken.

In der Medizin wird die Mistel bei Epilepsie, Bluthochdruck, Arteriosklerose, träger Verdauung und Regelbeschwerden eingesetzt. Sie wirkt betäubend auf das Zentralnervensystem und verlangsamt den Herzschlag. In der Krebstherapie gibt es eine Reihe von Untersuchungen, die die Anwendung von Mistelinjektionen wissenschaftlich erfassen und auswerten, wobei noch keine abgeschlossenen Ergebnisse vorliegen.

Stechpalme *(Ilex aquifolium)*

Die Stechpalme hat ähnlich wie die Mistel eine lange Vergangenheit, die bis in die heidnische Zeit zurückgeht. Als immergrüner Strauch oder Baum kann sie bis zu 15 m hoch werden, und es ist ein sehr alter Brauch, die Häuser zu Weihnachten mit Stechpalmenzweigen zu schmücken. Im Gegensatz zur Mistel wurden auch Kirchen mit diesem symbolischen Grün für das ewige Leben ausgeschmückt. Die Stechpalme ist in vielen Gegenden Europas Bestandteil des Palmstraußes, der am Palmsonntag in der Kirche geweiht wird. Die Stechpalmenblätter wurden früher als schweiß- und harntreibende Droge bei Husten, Lungenentzündungen, Wassersucht, Rheuma und Fieber verwendet. Die

„Beeren" wirken stark abführend und brechreizerregend durch bestimmte Giftstoffe. Als Kräuterhexe empfehle ich Ihnen jedoch aufgrund der giftigen Inhaltsstoffe beides, Blätter und Beeren, heutzutage wirklich nur als Weihnachtsschmuck zu verwenden. Ilex ist allerdings eine Rote-Liste-Art und darf daher nicht gesammelt werden.

Efeu *(Hedera helix)*

Ist ebenfalls giftig und wirkt besonders innerlich und bei höheren Dosen gefährlich. Früher wurde Efeublättertee als Abführmittel getrunken, das mit Sicherheit aufgrund seiner Inhaltsstoffe den Verdauungstrakt aufs heftigste angeregt hat – in beide Richtungen. Als Umschlag bei Nervenschmerzen, Rheuma, Ischias und Zellulitis ist diese Pflanze schon eher einsetzbar.

Interessant, aber leider nicht bewiesen, ist die Wirkung des Efeus als Kranz getragen. Es soll Trunkenheit verhindern, denn man hielt diese Pflanze im Altertum für den Feind des Weines. Bacchus trägt also keinen Rebenkranz, sondern einen Efeukranz.

Buchsbaum *(Buxus sempervirens)*

Der Buchsbaum ist auch so ein Symbol des ewigen Lebens und merkwürdigerweise genauso giftig wie die anderen bereits beschriebenen Vertreter der Immergrünen. Er erfreut sich in den letzten Jahren als Einfaßpflanze immer größerer Beliebtheit. Diese Art der Gartengestaltung ist eigentlich ein „alter Zopf", denn in früheren Zeiten war es eine weitverbreitete Mode auf dem Land, Bauerngärten mit Buchseinfassungen anzulegen. Da Buchspflanzen schon immer teuer und die Pflege der Buchshecken eine aufwendige, das heißt zeitraubende Tätigkeit bedeutete, war es nur wohlhabenden Landbewohnern möglich, sich den Luxus einer solchen Bepflanzung zu leisten. Man benötigte viel Geld für den Kauf und den Gärtner. In dieser Art angelegte Bauerngärten gaben also Zeugnis davon ab, wie gut es seinem Besitzer ging. Der einfache Landmann mußte sich mit Einfassungen aus Holz, Naturstein, ausgedienten Dachziegeln und Ziegelsteinen begnügen.

Das angefallene Schnittgut der Buchshecke wurde früher für Kränze, Girlanden und Sträuße verwendet, so daß der bäuerliche Jahreslauf mit seinen Festen eng mit dem Buchsbaum verbunden war – bis in den Tod.

Buchs – Symbol für das ewige Leben (unten). Die Blätter und Früchte des Efeus rate ich, nur als Schmuck für Kränze und Arrangements zu nutzen (ganz unten).

Eine süße Hexenspezialität: Apfelbrot mit Pfefferminz- und Duftgeranienblättern

Aus Hexenküche und -labor: Winterküche und Duftgeheimnisse

In der Vorweihnachtszeit durchzieht auch die Hexenküche manchmal der Duft von Kuchen und „Weihnachtsbredle". Dies ist der urbadische Ausdruck für Weihnachtsbrötchen oder -plätzchen. Aus Zeitgründen kann ich es natürlich mit keiner einzigen der backenden Hausfrauen und Mütter um mich herum aufnehmen.

Ich habe das Gefühl, daß mindestens ein Drittel des vielzitierten Weihnachtsstresses auf das Backen von Weihnachtsplätzchen entfällt. Fünf verschiedene Sorten Plätzchen sind absolutes Minimum. Eine flinke und erfahrene Weihnachtsbäckerin bringt es gut und gerne auf die doppelte Anzahl. Ich freue mich natürlich darüber, wenn ich ein paar Kostproben überreicht bekomme. Aber es animiert mich dennoch nicht, auch damit in großem Stil anzufangen.

Meine Hexenkekse

Manchmal backe ich Süßes, aber die Nachfrage in meinem Haushalt hält sich sehr in Grenzen. Meine speziellen Hexenkekse möchte ich Ihnen aber nicht vorenthalten, es sind echte Raritäten.

Aus 150 g Butter oder Margarine, 100 g Zucker, 400 g Mehlmischung (Dinkel und Weizen im Verhältnis 1:2), 1 Teel. Backpulver, 2 Eigelben und 3 bis 4 Eßl. kaltem Wasser mische ich einen Mürbeteig. Die Zutaten werden mit einem Teighörnchen oder einem breiten Messer auf einem Backbrett immer wieder zerteilt und zusammengeschoben, bis alle Bestandteile gleichmäßig verteilt sind.

Erst jetzt nehme ich die Hände, die ich zuvor unter kaltem Wasser abgekühlt habe, und drücke alles zu einer Kugel zusammen. Dazu braucht man etwas Kraft. Dieser im Grunde harmlose Mürbeteig wird durch die Zugabe von zwei gehäuften Eßlöffeln einer „Kräuter der Provence"-Mischung erst zu einem richtigen Hexenkeksteig. Die gut zusammengedrückte Teigkugel kommt für eine Stunde in den Kühlschrank. In der Zwischenzeit bereite ich den Belag vor. Zwei Eiweiße werden geschlagen und mit 200 g gemahlenen Haselnüssen sowie 200 g Puderzucker zu einem dicken Brei verrührt.

Nachdem ich den Mürbeteig ausgerollt und ausgestochen habe, bekommen die Kekse einen kleinen Klacks Haselnuß-Zucker-Mischung in die Mitte. Das Ganze wird mit einer ganzen Nuß dekoriert.

Die Backzeit im vorgeheizten Backofen beträgt 10 bis 15 Minuten bei 180 °C. Meine Hexenkekse sind durch die Zugabe von Wasser im Teig und durch die Kräutermischung sehr bekömmlich und nicht zu süß, so daß man den Genuß nicht bereuen muß.

Apfelbrot mit Pfefferminz- und Duftgeranienblättern

Der Kuchen, den Sie auf dieser Seite sehen, ist ebenso eine süße Hexenspezialität. Es handelt sich hierbei um ein Apfelbrot mit Pfefferminz- und Duftgeranienblättern. Für den Teig werden 750 g geschälte und kleingehackte Äpfel mit 200 g Zucker in 1/8 l Rum über Nacht eingeweicht. Am nächsten Tag mischt man 500 g Mehl mit 1 1/2 Päckchen Backpulver, 2 Eßl. Kakao und 1 Eßl. Zimt. Dieser Mehlmischung werden die eingeweichten Äpfel zugesetzt, und dann wird alles mit 150 g ganzen Haselnüssen verrührt. Als Würze gibt man zum Schluß 2 Eßl. feingewiegte frische Pfefferminze oder Duftgeranienblätter mit Pfefferminzaroma dazu. Im Römertopf oder einer Kastenbackform wird der Kuchen eine Stunde bei 200 °C gebacken und nach dem Erkalten mit Puderzucker bestäubt.

Für alle, die es nicht ganz so süß lieben, sind meine Hexenausstecher genau das Richtige.

Hexenkekse sind eine echte Rarität – probieren Sie einmal, sie selbst zu backen.

Pizza & Co.

Wesentlich öfter und auch das ganze Jahr über durchzieht der Wohlgeruch von Pizza, Quiche, Lauchtorte, Zwiebel- oder Krautkuchen, Kartoffelkuchen, Gemüsetorte oder Kräuterbrot meine Hexenküche. An der Aufzählung erkennen Sie bereits, daß es sich um Backwerke der pikanten Art handelt. Hier fühle ich mich in meinem Element. Selbst für größere Feste backe ich solche Köstlichkeiten, ohne Streß zu verspüren.

Original-Kräuterhexenpizza mit Spinat und Kräutern

Der Grundteig besteht aus 250 g Mehl (Mischung aus Dinkel- und Weizenmehl im Verhältnis 1 : 1), einem 1/2 Würfel Hefe, Wasser und Olivenöl. Ich siebe das Mehl in eine Schüssel und löse die Hefe in einer halben Tasse warmem Wasser mit einer Prise Zucker auf.

Die Hefemischung stelle ich in den auf 50 °C vorgeheizten, aber jetzt abgeschalteten Backofen, bis sich Blasen bilden. In das Mehl in der Schüssel wird eine Vertiefung gemacht, die Hefelösung eingefüllt und diese mit etwas Mehl vom Rand her zugedeckt. Dieser Vorteig wird dann zum Gehen für zirka eine halbe Stunde in den noch warmen Backofen gestellt.

Anschließend den Teig gut durchrühren, bis er sich vom Schüsselrand löst und eine gleichmäßige Kugel bildet. Nach einer weiteren halben bis dreiviertel Stunde Gehzeit wird sie zu einer runden Platte mit zirka 1,5 cm Höhe ausgerollt.

Darauf verteile ich eine Soße aus 400 g pürierten Tomaten, die ich mit jeweils 1/2 Teel. Meersalz, Oregano, Weinbergslauch, Pfeffer und 2 gepreßten Knoblauchzehen gewürzt habe. Für den Belag, der bei mir übrigens immer der Jahreszeit entsprechend variiert, habe ich aus 300 g Brennesselblättern, 50 g Salatrauke, 50 g Löwenzahn- oder Meldeblättern, 100 g Weinbergslauchröhrchen und 5 Blättern Sauerampfer einen „Wildspinat" hergestellt. Den „Spinat" verteile ich auf der Tomatensoße. Knoblauchstückchen, Maiskörner und eine in Würfel geschnittene Tomate ergänzen die Auflage. Zum Schluß habe ich meine besondere Vorliebe aufgebracht: Mozarellakäse. Dieser milde, eigentlich nach nichts schmeckende Käse gehört zu meinen Favoriten. Er paßt einfach zu diesen südländischen Gerichten. Ich weiß nicht, wieviel von mir von diesem Käse das Jahr über verspeist wird. Ich esse ihn immer mit einer delikaten, würzigen Zugabe aus Tomaten und Basilikum, Rucolasalat, Bärlauch und dergleichen.

Doch zurück zu unserer Pizza! Wenn der Pizzaboden voll

Meine Original-Kräuterhexenpizza mit Spinat und Kräutern

belegt ist, wird das ganze im Backofen zirka 20 Minuten bei 170 °C gebacken (Umluft).

Noch ein Tip: Die Pizza wird besonders knusprig, wenn das Backblech mit Maisgries bestreut wird, bevor man den Pizzateig auflegt. Dadurch wird auch das Anbacken am Blech verhindert.

Pikanter Kräuterquark

Eine weitere Spezialität der pikanten Art aus der Kräuterhexenküche ist der Kräuterquark. Diese herzhafte Mischung paßt sowohl zu frischem Brot als auch zu Pellkartoffeln, Bratkartoffeln, Pfannkuchen oder salzigen Waffeln. Auch hier ergeben sich wieder saisonale Unterschiede in der Zusammensetzung.

Der Quark wird aus gut abgetropftem Schichtkäse (500 g), 1 Becher süßer Sahne (200 g) und 2 Eßl. bestem Olivenöl aufgerührt, bis eine geschmeidige, sahnige Masse entstanden ist. Nun werden insgesamt 5 bis 8 Eßl. feingewiegte Kräuter untergehoben. Sehr schmackhafte Quarkkräuter sind: Weinbergslauch, Bärlauch, etwas Sauerampfer, Kresse (auch Brunnenkresse), Feldsalat, Barbarakraut (Winterkresse), wenig Tripmadam und nicht zu vergessen Petersilie, Schnittlauch sowie Knoblauch. Eine aparte Würze, die allerdings wenig bekannt zu sein scheint, ist Schabziegerklee, auch Käseklee genannt. Diese Spezialität von den Bergwiesen ist nur in getrockneter pulverisierter Form des Gewürzes erhältlich, da sich nur dann das spezifische Aroma entwickelt. Zum Schluß wird der Kräuterquark mit etwas Meersalz abgeschmeckt.

Eines meiner liebsten Rezepte: Kräuterquark mit Weinbergslauch, Schalotten und Petersilie

Wintersalat selbst herstellen
1. Orange schneiden, Mandeln enthäuten, Salate putzen und reinigen und gehackte Zwiebeln dazugeben.

2. Kräuter für die Soße fein wiegen und in die Joghurt-Mayonnaise-Ketchup-Soße einrühren.

3. Mit Orangen und Mandeln garnieren und Soße darübergeben.

Vitaminreiche Wintersalate

Was in der Sommerküche zur täglichen Selbstverständlichkeit gehört, bedeutet im Winter puren Luxus: frische Salate. So lange kein Schnee liegt und sich der Winter mit Temperaturen um den Gefrierpunkt, die wenigstens eine Ernte am Mittag möglich machen, von seiner harmlosen Seite zeigt, geht es ja noch. Teuer wird die ganze Angelegenheit, wenn Salate aus dem Unterglasanbau oder aus dem Ausland auf den Markt kommen. Ausländische Salatware übersteht den Transport bei Minusgraden nur mit Einschränkungen, das heißt, schon auf dem Weg in die Lebensmittelgeschäfte wird ein Teil der Lieferung unbrauchbar. Die überlebenden Objekte sind dann oft so in Mitleidenschaft gezogen, daß der Abfall beim Putzen sehr hoch ist oder gar größer als der verbleibende gute Rest.

Es ist also schwierig, im Winter für Vitamine aus der Salatschüssel zu sorgen, und wir sollten frischem Salat in dieser Jahreszeit gebührenden Respekt entgegenbringen. Aus diesem Grund habe ich Ihnen ein besonders buntes und leckeres Rezept kreiert.

Wintersalat nach Kräuterhexenart

Die Mischung besteht aus Salatsorten, deren Aroma ich für meinen Geschmack als intensiv oder zumindest als wahrnehmbar bezeichnen würde, soweit das bei Salaten aus Folien- oder Unterglasanbau möglich ist. Sie sehen hier Eskariolsalat mit rötlichen Spitzen, Friséesalat (ähnlich Endivie), Eichblattsalat, roten Chicorée oder Radicchio und natürlich Feldsalat. Letzterer ist der klassische Wintersalat überhaupt. Diese Mischung kann noch mit Kresse oder Barbarakraut ergänzt werden. Wenn dieser Salat gegen Ende des Winters, also im Februar oder März, serviert werden soll, kann der Anbaufeldsalat

bereits durch frischen wilden Ackersalat ersetzt oder ergänzt werden. Weitere winterliche Zutaten sind Zwiebeln, Pimpinelle, Purpurfenchelblätter, Petersilie, Orangenscheiben und Mandeln.

Der Salat wird, wie folgt, zubereitet:

Die einzelnen Salatarten waschen und in mundgerechte Stücke zupfen, wobei ich die weißen Blattstrunken entferne. Nachdem ich die Blätter auf einem großen Teller nach Farben angeordnet habe, werden die Kräuter feingewiegt und darübergestreut. Eine kleine Zwiebel feinhacken und ebenfalls über der Salatmischung verteilen. Eine Orange, geschält und in Scheiben geschnitten, vervollständigt diesen frisch-fruchtigen Salat.

Für die Soße mische ich einen halben Becher Joghurt mit drei Eßlöffeln Mayonnaise und drei Eßlöffeln Tomatenketchup. Geschmacklich ergänzt und verflüssigt wird diese Mischung mit ein bis zwei Eßlöffeln Aceto balsamico, jenem wunderbaren, milden Kräuteressig aus der norditalienischen Provinz Emilia Romagna. Wer möchte, gibt noch zwei Eßlöffel Olivenöl hinzu. Das ganze wird solange gerührt, bis es eine gleichmäßige Farbe ergibt.

Die fertige Soße verteile ich dann mit einem Löffel sorgfältig über den ganzen Salatteller. Eigentlich wäre damit schon alles getan, um eine leckere Vitaminmahlzeit zu servieren, aber als besonderes I-Tüpfelchen wird der Salat mit in Olivenöl gerösteten und leicht gesalzenen, ganzen Mandeln bestreut. Durch diese werden unsere „Winternerven" übrigens auch mit den Vitaminen der B-Gruppe versorgt. Zum Schluß noch etwas frischen Pfeffer aus der Mühle oder aber etwas Rosenzucker über die Orangenscheiben. „Guten Appetit!"

Diesen Wintersalat bringe ich im Februar/März oft auf den Tisch, damit die Familie auch gegen Winterende noch fit bleibt.

Bei der Herstellung von Potpourris oder Gewürzmischungen mit ätherischen Ölen muß unbedingt darauf geachtet werden, daß die Arbeitsutensilien, wie Schüssel, Schaufel und Aufbewahrungsgefäße, aus geruchsneutralen Materialien, wie z. B. Edelstahl, Keramik oder Steingut, bestehen. Für ätherische Öle sollten jeweils separate und gekennzeichnete Pipetten benutzt werden.

Eine „Duft-Auswahl" aus dem Hexenlabor (rechts)

Duftsäckchen sind immer beliebt. Manchmal stelle ich für liebe Freunde eine individuelle Spezialmischung mit ihren Lieblingsdüften her.

Wunderbare Winterdüfte

Düfte wirken auf unsere Seele wie Balsam. Wenn sie fehlen oder gar durch Gestank überlagert werden, fühlen wir uns sehr unangenehm berührt.

Dieses Bedürfnis nach Wohlgeruch ist so alt wie die Menschheit, und schon sehr früh hat man nach Mitteln und Wegen gesucht, diesem Bedarf entgegenzukommen. Duftende Pflanzen mit einem hohen Anteil an ätherischen Ölen wurden zum Beispiel in Räumen verbrannt, damit sie durch ihren Duft Krankheit und Dämonen vertreiben sollten. Entstanden so die Räucherstäbchen, die wieder sehr in Mode gekommen sind? Heute würde man sagen, der Raum wurde durch Duft desinfiziert. Tote wurden mit duftenden Essenzen einbalsamiert, sozusagen als letzte hygienische Maßnahme. Als der von Lebenden produzierte Gestank im Mittelalter gar zu intensiv wurde, hat man das Parfüm erfunden. Seife gab es in jenen Zeiten zwar auch schon, aber es war keine Duftseife, so wie wir sie heute kennen. Deshalb hatte man wohl den Gebrauch von Duftwässern der Seife vorgezogen.

Heutzutage ist es noble Pflicht der Kräuterhexe, die Duftwünsche ihrer Kundschaft zu erfüllen. Dies geschieht natürlich mit Hilfe von Pflanzendüften, das heißt mit getrockneten Pflanzen, Gewürzen oder reinen ätherischen Ölen.

Auf dieser Seite sehen Sie eine kleine Auswahl an Duftutensilien, wie sie sehr oft bei der Kräuterhexe verlangt werden. Die bunten Stoffsäckchen sind mit Lavendelblüten gefüllt und mit Lavendelöl intensiviert; ein ideales Duftbeutelchen für den Wäscheschrank. Diesem Säckchen bzw. seinem Inhalt wird immer wieder eine mottenabwehrende Wirkung nachgesagt, und es ist mir daher unbegreiflich, wie es möglich war, daß ich – so geschehen im letzten Sommer – in meinem fünf Liter fassenden Lavendelglas Motten fand! Voller Entsetzen habe ich mit dem ganzen Inhalt ein Feueropfer veranstaltet und empfehle Lavendelsäckchen nur noch wegen ihres feinen Duftes.

Zu den weiteren Duftutensilien gehören Duftseifen, Duft- oder Parfümcremes und ein Samtsäckchen, gefüllt mit den Aromen des Orients. Nelken, Muskat, Kardamom, Zimt, Ingwer, Sternanis, Piment und Pfeffer befinden sich wiederum als kleine Säckchen in diesem Geschenkset aus 1001 Nacht.

SOAP
Rose
Net Wt. 1.4 OZ

Ein Rosmarin-Fußbad bei kalten Füßen und Durchblutungsstörungen.

Duftende Kräuterbäder

Ich habe nichts gegen eine schnelle Dusche zu Reinlichkeitszwecken von außen, aber wie steht es mit dem Inneren? Ich meine damit nicht, daß Sie sich nun in ein Schamanenzelt zum zeremoniellen Reinigungsritual begeben sollen, um sich nicht nur äußerlich, sondern auch innerlich zu „läutern". Wo kann man besser abschalten und sich von dem Alltagsstreß

FUSSBAD

Hier noch ein Tip für alle Menschen mit kalten Füßen aufgrund von Durchblutungsstörungen: Probieren Sie einmal ein Fußbad mit 2 Eßl. Meersalz und 10 bis 15 Tropfen Rosmarinöl, in 2 Eßl. Milch verrührt. Die durchblutungsfördernde Wirkung dieses ätherischen Öles wird sich bemerkbar machen.

und einer ungesunden Körperhaltung erholen als in der Badewanne? Entspannung, Körperpflege, seelisches Wohlbehagen und eine Weile Zeit für sich selbst, all das ist mit einem warmem Bad im häuslichen Badezimmer möglich. Waschen Sie mit einem duftenden Kräuterbad die Alltagssorgen ab!

Badezusätze nach Kräuterhexenart

Da wären einmal die klassischen Kräuterbäder zu nennen, die mit getrockneten Kräutern, wie Lindenblüten, Rosmarin, Lavendel, Thymian und Quendel, angereichert werden. 50 bis 100 g Kräuter oder Kräutermischung werden in einem Liter Wasser fünf bis zehn Minuten aufgekocht. Die Flüssigkeit seiht man anschließend durch einen Filter dem Badewasser zu. Eine weitere Möglichkeit besteht darin, daß die Kräuter in ein Säckchen aus Gaze oder Batist gefüllt und zugebunden werden. Dieses Badesäckchen wird dann unter den einlaufenden Wasserstrahl gehängt und auf diese Weise ausgezogen.

Aus ätherischem und einem Basisöl, wie Jojoba-, Avocado-, Weizenkeim-, Mandel- oder Olivenöl, kann ein Ölbad hergestellt werden. Zehn bis fünfzehn Tropfen ätherisches Öl werden mit einem halben Liter Basisöl vermischt und eßlöffelweise dem Badewasser zugesetzt. Dasselbe ist auch mit Milch oder Sahne möglich. Für ein Schaumbad gibt man dann noch einige Spritzer Neutralseife dazu oder aber Seifenflocken aus geriebener Olivenölseife.

Ein ganz besonderer Genuß ist ein Bad aus einem Auszug von Rosenblütenknospen mit zwei Tropfen echtem ätherischen Rosenöl, vermischt in zwei Eßlöffeln süßer Sahne.

Noch ein wichtiger Hinweis: Wenn Sie einen Badezusatz mit ätherischem Öl bevorzugen, muß dieses immer mit einer fetten Basisflüssigkeit vermengt werden, denn ätherische Öle sind nicht wasserlöslich und schwimmen ansonsten konzentriert auf der Wasseroberfläche. Dies kann bei Berührung zu erheblichen Haut- und Schleimhautschädigungen führen.

Verwenden Sie außerdem nur hochwertige ätherische Öle und keine synthetischen.

Links sehen Sie vier meiner selbstgemischten Badezusätze: Lavendelbadeöl (lila), Rosenbademilch (rosa), Kamillenbad (grünlich), Ölbad mit Ringelblumenöl (kleine gelbe Fläschchen).

Heublumenbad

Bei einem Einkauf in Kaufhäusern sollten Sie immer einen Blick auf die Preise der Waschhandschuhe werfen. Wenn Sie ein besonders günstiges Angebot entdecken, können Sie gleich eine ganze Menge wohltuender Heublumensäckchen herstellen.
Ein Waschhandschuh wird mit 100 g Heublumen gefüllt und fest zugebunden. An dieses Säckchen bringt man noch eine größere Schlaufe aus Schnur an. Mit ihr wird das Heublumensäckchen in das einlaufende Badewasser gehängt, so daß der Wasserstrahl durch die Kräutermischung fließt und die Kräuter dadurch auszieht. Ein Heublumenbad ist bei Stoffwechselstörungen, körperlicher Abgespanntheit und nach einem Spaziergang durch die kalte Winterluft zu empfehlen. Heublumensäckchen können, im trockenen Zustand erhitzt, auch zur Wärmetherapie bei Neuralgien und Entzündungen verwendet werden.
Achtung: Dieser Badezusatz aus Heublumen ist nicht für Menschen mit Heuschnupfen geeignet.

Aus der Hexenwerkstatt: Weihnachtliches

Der Adventskranz

Sie sehen mich hier, wie ich einen Adventskranz nach „Mode" des Johann Hinrich Wichern binde. Er war Theologe und lebte im 19. Jahrhundert. Er gründete in Hamburg das Rauhe Haus und die Innere Mission, widmete sich Waisen sowie gefährdeten und gescheiterten jungen Menschen.

Die Adventszeit war zu Lebzeiten Wicherns die dunkelste Zeit des Jahres überhaupt, denn es galt vier Wochen lang zu fasten, und es bestand in dieser Zeit auch Tanz-, Musik- und Festverbot. So nahm er sich denn auch zunächst den Kronleuchter im Rauhen Haus vor und bestückte ihn mit Kerzen, von denen jeden Tag eine mehr angezündet wurde. Das Licht wurde somit immer heller, und damit stieg auch die Hoffnung und die Vorfreude seiner Schützlinge auf Weihnachten. Johann Hinrich Wichern hat ihnen mit dieser Idee „neue Perspektiven" aufgezeigt, wie man heute sagen würde.

Als er die Leitung in einem Berliner Waisenhaus übernahm, nahm er auch die Idee seines dann bereits entstandenen Adventskranzes mit. Dieser Kranz war grün, die Symbolfarbe für Hoffnung, für die Barmherzigkeit Gottes und für neues Leben. Er war für die vier Adventssonntage mit vier roten Kerzen geschmückt, die sinnbildlich für den zu Fleisch und Blut gewordenen Gottessohn standen. Wie jeder weiß, wird dieser Kranz aus Fichten- oder Tannenzweigen oder, was vielleicht nicht jeder weiß, aus Zypressenarten oder Buchsbaum gebunden. Sehr schön sieht übrigens eine Mischung verschiedener Immergrün-Zweige aus.

Zum Befestigen der Kerzen kann man diese andrahten oder in Kranzkerzenhalter stecken. Die dazugehörenden roten Schleifen werden zunächst mit Draht gestaltet und dann in den Kranz gesteckt oder gebunden. Wie Sie „Ihren" Adventskranz weiter ausschmücken, bleibt Ihrer Fantasie und Fingerfertigkeit sowie Ihrem Geschmack überlassen.

So sieht mein Adventskranz aus

Meinen Adventskranz für die Kräuterhexenstube binde ich aus gemischten immergrünen Gehölzen, und zwar „rund", d. h., auch die Unterseite des Kranzes wird mit Zweigen umwunden. Der Grund besteht darin, daß dieser Kranz an der

Adventskranz binden
1. Meine Adventskränze binde ich gerne mit einem Strohrohling. Die kleinen vorbereiteten Tannensträußchen werden in eine Richtung zeigend am Rohling befestigt (rechts, siehe auch Seiten 98/99).
2. Die Kerzen bekommen auf der Unterseite einen doppelten Draht eingezogen, so lassen sie sich mühelos am Kranz befestigen (ganz rechts).

Eine Auswahl von Adventskränzen aus meiner Werkstatt: vorn und hinten links besteht der Kranz aus einem Ginsterkranz mit Früchten, Nüssen und Gewürzen, hinten rechts aus Lebensbaum- und Tannenzweigen.

Decke aufgehängt wird. Für die vier roten Kerzen wähle ich meistens die Kugelform aus, da sie nicht so schnell herunterbrennen. Es gibt auch wunderschöne handgeformte „Apfel"-Kerzen, die auf Adventsmärkten von Kunsthandwerkern angeboten werden.

Neben den roten Schleifen wird mein Adventskranz noch mit Zimtstangen, Zapfen, Orangenscheiben, Sternanis-Girlanden und knorrigen Zweigen von Weinstöcken aus meiner direkten Umgebung verziert. Einige Weihnachtswichtel aus Stoffresten und Holzperlenköpfen, die mit Fellhaaren versehen sind, tummeln sich ebenfalls im Gezweig.

Weihnachtliche Dekoration aus der Hexenwerkstatt

Weihnachtlicher Hausschmuck

In der Adventszeit wird auch im Hexenhaus gebastelt und geschmückt. Weihnachtlicher Fenster- und Türschmuck, wie ihn die meisten Menschen in der Vorweihnachtszeit mit viel Liebe dekorieren, verbreitet eine festliche Stimmung und Einstimmung auf die bevorstehenden Festtage. Ich finde, daß man gerade jetzt viel mehr „davon hat", wie man so schön sagt, denn das eigentliche Weihnachtsfest ist doch sehr schnell wieder vorbei und damit auch die entsprechende Dekoration.

Meine erste Arbeit in Sachen Adventsschmuck betrifft die Fensterkästen. Ich habe bereits zu Beginn der „Balkonkasten-Hochkonjunktur" im Frühsommer für eine Mischbepflanzung mit Buchsbaum und Efeu gesorgt. Die Lücken zwischen diesen Immergrünen fülle ich mit geschnittenen Tannengrün- und Stechpalmenzweigen. Im Wald gesammelte und mit einem Steckdraht versehene Tannen- und Kiefernzapfen werden sichtbar zwischen die Zweige gesteckt. Pro Kasten (60 cm) gestalte ich noch eine Riesenschleife aus rotem und rotgrün kariertem, breitem Stoffband, diese wird zusätzlich von einer roten Kordel zusammengehalten und ebenfalls in den Blumenkasten gesteckt.

Das ganze ergänze ich nun noch mit einigen auf einen Stab gesteckten Holzsternen oder frostfesten Terrakottakugeln, und meine Dekoration vor dem Fenster ist fertig. Innen hängen dann selbstgebastelte Strohsterne und aus weißem Papier ausgeschnittene Schneesterne am Fenster. Dazwischen tanzen kleine Teddys und Engelchen aus Holz um die Wette.

Apfelkerzenständer für die Fensterbank entstehen, in dem man das Gehäuse mit einem Apfelstecher entfernt und die Öffnung auf Kerzenstärke vergrößert.

Diese Dekoration wird auch durch Nüsse und Clementinen ergänzt, die nach und nach verzehrt werden.

Weihnachtsschmuck selbst herstellen

Auf dieser Seite sehen Sie nun eine kleine Auswahl Weihnachtsschmuck, wie ihn die Kräuterhexe verwendet. Die Bilder zeigen, wie ich gerade dabei bin, Anhänger aus einem Plätzchenausstecher und einer Bienenwachsmittelplatte herzustellen. Das Ergebnis hängt an der Leine und sieht vor einem hellen Hintergrund besonders gut aus – und duftet . . . hm! Die anderen Anhänger bestehen aus Pflanzen- oder Früchteteilen, wie Orangenscheiben, Zimtstangen, Sternanis und Nüssen, aber auch Peperonischoten können einen weihnachtlichen Schmuck abgeben. Der Gewürzschlitten besteht ebenso aus Naturmaterialien. Wie Sie sehen, kann das meiste davon nach Weihnachten in der Küche verwendet werden und nimmt das Jahr über im Haus keinen zusätzlichen Lagerraum ein.

Ausstecherformen auf Bienenwachs drücken (ganz links), so daß der Bienenwachs hängenbleibt. Mit Golddraht umwickeln, Aufhänger dran – fertig (links).

Zur Weihnachtszeit liebe ich den Geruch der echten Bienenwachskerzen. Leicht kann man sie selbst wickeln und mit Sternanis, Zimstangen o. ä. verzieren.

Rechts: Weihnachtsbaum nach Hexenmanier geschmückt; Muskatnüsse und getrocknete Orangenscheiben, Kräutersträußchen und Strohschleifen, Herbstlaub und Zimtstangen, Erdnüsse, Peperoni und vieles mehr. Der Duft dieses Weihnachtsschmucks ist unvergleichlich schön.

Weihnachten

Es ist Heiligabend. Das Jahr klingt aus, und auch einer Kräuterhexe ist es jetzt erlaubt, sich im Kreise der Familie auf das bevorstehende Weihnachtsfest und den Jahreswechsel zu freuen.

Während ich mit Mann und Tochter unseren Weihnachtsbaum schmücke, muß ich an die vielen Geschenke denken, die ich in den letzten Wochen für meine Kundschaft gefertigt, zusammengestellt und verpackt habe. Die Adventszeit ist jedesmal wieder ein Lehrstück in Sachen Menschenkenntnis und Zeitgeist. An der Art, wie Geschenke ausgesucht werden, läßt sich die momentane Lebenssituation der Mitmenschen sehr genau ablesen. Ich bemühe mich deshalb, gerade für den „kleinen Geldbeutel" etwas Nettes, Originelles und Brauchbares zu erfinden. Jeder meiner Kunden hat außerdem die Garantie dafür, daß es diese Geschenke nur bei der Kräuterhexe gibt und sie nicht überall käuflich sind.

<u>Weihnachtsbaum nach Kräuterhexenart</u>

Hier sehen Sie nun den nach Kräuterhexenart fertiggeschmückten Weihnachtsbaum. Ich gebe zu, er glänzt nicht, aber gerade deshalb finde ich ihn schön. Der Baumbehang besteht – wie schon der Adventsschmuck – aus natürlichen und zum Teil in der Küche verwertbaren Materialien. Orangen- und Zitronenscheiben, Erdnußgirlanden, Hobelspäne, Bastschleifen, Bienenwachsausstecher, getrocknete Herbstblätter im Bund, echte Äpfel, Holzfiguren, Zimtbündel, Nußanhänger und Jutesterne sind die Bestandteile. Rote Akzente setzen Ranken mit getrockneten Hagebutten und Chilischoten.

Das sind alles Dinge, die auch in einem kinderreichen Haushalt mit Hund einen sehr großen Vorteil besitzen. An einem so geschmückten Weihnachtsbaum geht nämlich nichts kaputt! Nach Weihnachten werden dann die Erdnüsse aus der Girlande geknackt, Chilischoten und Zimt verschwinden in der Küche, das Bienenwachs aus den Ausstechern wird für das Kerzengießen gesammelt. Die Ausstecher selbst werden für die nächste Adventsbäckerei verstaut, und die Bastschleifen können im nächsten Gartenjahr zu Bindearbeiten herangezogen werden.

<u>Selbstgerollte Bienenwachskerzen</u>

Schön sind die selbstgerollten, verschieden großen Bienenwachskerzen. Die Bienenwachsplatten sind sogenannte Mittelplatten für den Bienenstock. Sie bekommen sie in Bastelgeschäften und in Läden für Imkerbedarf.

Ich möchte den Honigduft, den sie in der Weihnachtsstube verbreiten, nicht mehr missen. Wenn die Kerzen brennen, das Feuer im Kamin prasselt, das Essen auf dem Tisch steht und der Schlehenlikör verlockend rot funkelt, dann ist Weihnachten.

Hexen Spezial

Hexengeschenke

Hexenbesen aus allerlei getrockneten Kräutern und Traumkissen für Erwachsene und Kinder verschenke ich zu Weihnachten besonders gerne.

Die auf dieser Seite dargestellten typischen Hexengeschenke sollen als Anregung dienen und können leicht selbst hergestellt werden.

Hexenbesen aus Küchenkräutern

Dieser Besen besteht aus einem Holzstock oder -stiel und einer Mischung aus Küchenkräutern, die als Bund getrocknet wurden. Wenn man diese Besen zu Weihnachten verschenken möchte, gilt es daher schon im Sommer daran zu denken und das entsprechende Material zu sammeln. Geeignete Kräuter sind Bohnenkraut, Thymian, Rosmarin, Salbei, Wermut und Oregano. Farbe bringen getrocknete Schafgarben, Oreganoblüten, Weinrautenblüten und Chilischoten hinein. Den Besenstiel schneide ich aus einem geraden Obstbaum-, Eichen- oder Buchenzweig oder anderen Gehölzen.

Die Kräuterbüschel werden alle auf eine gleichmäßige Länge gebracht und dann in drei Lagen mit Juteschnur um eines der beiden Stielenden gewickelt und

Ganz links: Kräuterkissen werden aus zusammengenähten Stoffresten hergestellt, die man mit einer Kräutermischung nach Wahl füllt.

Links: Den kleinen Kräuterhexenbesen arbeite ich aus getrockneten Kräuterstengeln, gemischt mit Peperoni. Abfallholz aus dem Garten wird zum Holzstiel.

zum Schluß festgebunden. Je gleichmäßiger die Wicklung ist, um so typischer sieht letztlich der Besen aus. Die Chilischote wird übrigens in die äußerste, dritte Lage eingearbeitet. Ein solcher Gewürzbesen findet immer seinen erfreuten Abnehmer, ist er doch dekorativ und nützlich zugleich.

Originelle Duftkissen

Auch die Herstellung eines Duftkissens ist keine Hexerei. Ich verwende da gerne Stoffreste, wie sie in jedem Haushalt anfallen. Die zu verwendenden Stoffe müssen aus Naturfasern bestehen. Ob sie uni oder gemustert sind, ist gleichgültig beziehungsweise Geschmackssache, wobei ich sehr gerne verschiedene Ausführungen im Patchworkstil kombiniere. Welche Duftkräuter man verwendet, ist ebenso Geschmackssache wie die Größe und Füllmenge.

Aufgrund häufiger Anfragen von Müttern, ob und wenn ja, wie es möglich wäre, ihre Kinder ohne beiderseitige Machtprobe besser in das Reich des Schlafs zu befördern, habe ich die Mischung für das „Kuschelkissen" in Richtung „beruhigend" zusammengestellt. Dieses „Traumkissen" wird zunehmend auch von Erwachsenen verlangt. Warum es tatsächlich wirkt, ist einfach zu erklären und in der Zwischenzeit auch wissenschaftlich bestätigt. Die verwendeten Kräuter enthalten ätherische Öle mit entspannender und nervenberuhigender Wirkung. Das mit Anis, Hopfen, Kamille, Thymian, Lavendel, Basilikum, Baldrian, Pfefferminze und Eisenkraut gefüllte Duftsäckchen wird direkt neben das Gesicht auf das Kopfkissen gelegt, damit die freiwerdenden Aromen eingeatmet werden können. Durch leichtes „Knautschen" mit der Hand wird diese Wirkung noch verstärkt.

Die ideale Größe eines solchen Kissens hat eine Abmessung von 20 auf 30 cm. Es können aber auch, wie bereits oben erwähnt, größere oder kleinere Exemplare hergestellt werden. Das Original-Kräuterhexenkissen versehe ich noch mit einem Bernstein, der als ältester Heilstein überhaupt die nervenberuhigende Wirkung verstärkt.

Liebestränke

Ein Hauptbetätigungsfeld der früheren Hexen war das Brauen bestimmter Tränke, die immer auch einen ganz speziellen Bestimmungszweck hatten. Es gab neben Heil-, Schlaf- und Zaubertränken auch schon seit jeher eine besondere Spezialität, die Liebestränke. Heute, in den Zeiten hoher Scheidungsraten, muß auch eine moderne Hexe wie ich ein solches Elixier der Liebe vorrätig haben. Das Rezept eines Liebestrankes bleibt natürlich streng geheim, das verlangt schon die Hexenehre. Aber in ein paar kleine Geheimnisse möchte ich Sie dennoch einweihen.

Sie sehen auf der Abbildung hier die männlichen und weiblichen Versionen eines Liebestrankes nach Kräuterhexenart. Bei der Auswahl der Flaschen habe ich mich bemüht, auch optisch und symbolisch gegen die Gefahr einer Verwechslung von Männlein und Weiblein vorzubeugen. Wie Sie unschwer erkennen können, ist die Herrenflasche eckig und die Damenflasche rund. Das ist aber nicht der einzige Unterschied des Getränks. Auch die

Mein Spezial-Liebestrank für Männer in der eckigen Flasche, für Frauen in der runden

Inhalte, sowohl die Zusammensetzung als auch die Menge, differieren. Ich habe die Erfahrung gemacht, daß die weiblichen Wesen wesentlich öfter als die Herren der Schöpfung das Bedürfnis nach einem solchen Tränklein verspüren, und sei es, weil es eben nur „herrlich" schmeckt. Die angebotene Menge ist aus diesem Grund genau doppelt so hoch wie die des Männerfläschchens.

Was jetzt aber die meisten am stärksten interessieren wird, so vermute ich, sind die Inhaltsstoffe dieser intensiv roten Flüssigkeiten. Nun ja, ich habe versprochen, einige davon zu nennen. In einen alkoholischen Auszug mit immerhin 40% vol. Alkoholanteil aus vollreifen Sommerbeeren und Granatapfel bekommt die Dame unter anderem die Drogen zur Steigerung der Vitalität und Fruchtbarkeit, wie Mönchspfeffer, Ingwer, Zimt und Liebstöckel. Daran erkennt man bereits, daß eine Verwechslung der beiden Zubereitungen fatale Folgen, jedoch nur für die Liebe, haben kann. Mönchspfeffer heißt nicht umsonst auch Keuschlamm. Diese Bezeichnung ist jedoch nur auf Männer bezogen.

Einige Zutaten des Männertrankes: Ginseng, Ingwer, Zimt- und Bohnenkraut! Wenn eine Frau irrtümlich diesen Trank zu sich nehmen würde, wären die Folgen jedoch harmlos. So ist das eben mit den Kräuterhexen.

Wohlfühltee

Ich möchte mich auf dieser Seite – wie könnte es für die Sternenfelser Kräuterhexe anders sein – mit einer guten Tasse Wohlfühltee verabschieden. Denn um das Wohlfühlen, die Gesundheit und das Positive ging es mir mit dem ganzen Buch.

Den Wohlfühltee nach eigenem Rezept können Sie sich auch selbst zusammenstellen oder zusammenstellen lassen.

WOHLFÜHLTEE

Zu gleichen Teilen mischt man:
Ringelblumen, Süßholz, Waldmeister, Zimt, Mate (grün), Zitronenmelisse, Lavendel, Brombeerblätter, Lindenblüten und pro Tasse zwei Duftrosenknospen.
Pro Tasse übergießt man einen gehäuften Teelöffel Teemischung, deckt die Tasse ab, läßt dies fünf Minuten ziehen, seiht ab, süßt nach Belieben oder auch nicht und genießt das Getränk an seinem Lieblingsplatz.

Register

Halbfette Seitenzahlen verweisen auf Abbildungen.

Literatur

Gaude, Werner:
Die alte Apotheke.
Deutscher Apothekerverlag;
Stuttgart 1986.

Kroeber, Ludwig:
Geschichte und Herkunft der Würz- und Duftstoffe.
Luitpold Lang Verlag;
München 1949.

Witt, Reinhard:
Wildsträucher und Wildrosen.
Franckh-Kosmos Verlags-GmbH;
Stuttgart 1995.

Die in diesem Buch besprochenen und dargestellten Produkte sind Erzeugnisse der Sternenfelser Kräuterhexe. Ein Großteil davon ist in ihrem Hexenladen erhältlich. Interessenten wenden sich bitte an:

Galerie aktiv der Sternenfelser Kräuterhexe
Frau Gabriele Bickel
Maulbronner Straße 10
75447 Sternenfels
Tel./Fax: 07045/40047

Sternenfels im Enzkreis liegt im Stromberggebiet am Rande des Kraichgaus an der Achse Pforzheim–Maulbronn–Heilbronn.

Mit 218 Fotos von Tierbildarchiv Angermayer/E. Elfner, Holzkirchen: 20/21; Ursel Borstell, Essen: 1, 31 l. o., 40 r. u., 56, 72, 73, 74, 75, 83, 84 u., 89 r. o.; Juniors Bildarchiv, Fotograf W. Groth, Senden: 126; Hans E. Laux, Biberach an der Riß: 4, 10 r. beide, 19 r. u., 21, 27 alle, 31 r. o., 34, 45 r. o., 47, 54 r. u., 55 r. o., 58, 59 r. o., 61, 63, 86 r. o., 87 r. o., 89 u. beide, 112 l. o., 125, 131 beide; Hans Reinhard, Heiligenkreuzsteinach-Eiterbach: 6/7, 7, 8, 11, 26, 42 l. u., 44 beide, 45 l. u., 57 r. o., 66, 80/81, 84 l. o., 86 l. u., 88 beide, 107, 108, 111 l. u., 112 l. u., 113 r. o., 124/125, 130 l. o.; Nils Reinhard, Heiligenkreuzsteinach-Eiterbach: 106/107, 130 r. u.; Ralf Roppelt, Sahara-Werbeagentur, Stuttgart: 2/3, 5, 8/9, 10 l. o., 12/13, 14 alle, 15, 16 beide, 16/17, 18, 19 l. o., 22 beide, 22/23, 24 beide, 25 beide, 28/29, 29, 30, 32, 33, 35, 36/37, 39 beide, 40 r. o., 41, 42 r. o., 43 beide, 46/47, 48, 49 beide, 50, 51 alle, 52, 53 r. o., r. u., 55 r. u., 57 r. u., 60, 62 beide, 64 alle, 65 alle, 67, 68, 69, 70 beide, 71, 76/77, 78 alle, 79 beide, 82, 85, 90/91, 92 beide, 93, 94/95, 95, 96 beide, 97 beide, 98, 98/99, 99 beide, 100, 101, 102 alle, 103 beide, 104 beide, 105 beide, 109, 110, 113 l. o., r. u., 114/115, 116, 117, 118, 119, 120/121, 122, 123 alle, 127, 128, 129 beide, 132, 132/133, 133, 134/135, 135, 136 alle, 137, 138, 139, 140 beide, 142 beide, 143, 144/145, 145 beide, 146, 147, 148, 149 beide, 150, 151; Peter Schönfelder, Pentling: 19 r. o., 53 l. o., 54 l. o., l. u., 57 l. o., 59 u. beide, 87 l. o., 111 r. o.; Jürgen Stork, Ohlsbach: 38, 81, 109 l. o.

Mit 8 farbigen Zeichnungen von Gisela Dürr, München: 10, 11, 60, 79, alle Hexen im Kasten und zu den Kolumnen; Marianne Golte-Bechtle, Stuttgart: 34, 35

In diesem Buch werden Hinweise zur Naturheilkunde gegeben. Nur auf die beschriebenen Arten trifft die angegebene Verwendung zu, ihr Gebrauch setzt daher ihre sichere Kenntnis voraus.
Heilpflanzentees sollten immer nur beschränkte Zeit und nicht länger als nötig eingenommen werden, auch Hausteemischungen sollte man öfter wechseln, verschiedene Kräuter, wie z. B. Rosmarin und Salbei dürfen nicht während der Schwangerschaft eingenommen werden. Behandelt werden dürfen nur leichtere Gesundheitsstörungen, die keiner ärztlichen Behandlung bedürfen. Den Arztbesuch kann dieses Buch auf keinen Fall ersetzen.

Umschlaggestaltung von Atelier Reichert, Stuttgart, unter Verwendung von fünf Farbfotos von Hans E. Laux (Foto auf der Vorderseite im Hintergrund), Biberach an der Riß, Ralf Roppelt, Sahara-Werbeagentur (großes und kleines Foto auf der Vorderseite, beide Fotos auf der Rückseite), Stuttgart

ISBN 3-440-07277-0
Grundlayout von Atelier Reichert, Stuttgart
Scribble von Gisela Dürr, München
Lektorat: Angelika Throll-Keller
Herstellung: Heiderose Stetter
Printed in Italy/Imprimé en Italic
Satz: Steffen Hahn GmbH, Kornwestheim
Druck und buchbinderische Verarbeitung:
Printer Trento S. r. l., Trento

Gabriele Bickel hat nach einer Ausbildung zur Apothekenhelferin und anschließend zur Pharmazeutisch-Technischen Assistentin Grafik und Design studiert. Nach der Geburt ihrer jetzt zehnjährigen Tochter beschäftigte sie sich mehr und mehr mit Kräutern und Gewürzen sowie ihrer Anwendung. 1993 eröffnete Frau Bickel ihren ersten Kräuterhexenladen, 1996 kam der zweite im Kloster Maulbronn dazu. In Rundfunk und Fernsehen (3. Programm) ist Frau Bickel bekannt als die Sternenfelser Kräuterhexe.

Die Deutsche Bibliothek – CIP-Einheitsaufnahme

Bickel, Gabriele:
Mein Kräuterhexenwissen : Elixiere, Tees, Salbben und Pasten / Gabriele Bickel. – Stuttgart : Kosmos, 1997
ISBN 3-440-07277-0

Alle Angaben in diesem Buch sind sorgfältig geprüft und geben den neuesten Wissensstand bei der Veröffentlichung wieder. Da sich das Wissen aber laufend und in rascher Folge weiterentwickelt und vergrößert, muß jeder Anwender prüfen, ob die Angaben nicht durch neuere Erkenntnisse überholt sind. Dazu muß er zum Beispiel Beipackzettel lesen und genau befolgen sowie Gebrauchsanweisungen und Gesetze beachten.

Gabriele Bickel
Die Kräuterhexen-Wohlfühl-Box